BUSH CRAFT
AVANZADO

Guía de campo para
— SOBREVIVIR —
en la NATURALEZA
Nivel experto

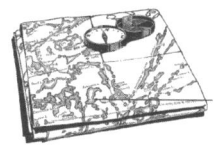  

—Autor de *El ABC del Bushcraft*, *bestseller* de *The New York Times*—

Dave Canterbury

geoPlaneta

BUSHCRAFT AVANZADO - GUÍA DE CAMPO PARA
SOBREVIVIR EN LA NATURALEZA (NIVEL EXPERTO)
1.ª edición
geoPlaneta
Diagonal 662-664. 08034 Barcelona
info@geoplaneta.es — www.geoplaneta.com

DE LA EDICIÓN ORIGINAL
Título original: *Bushcraft Advanced — An Expert Field Guide to the Art
of Wilderness Survival*
© del texto: Dave Canterbury, 2015
© Simon & Schuster, Inc., 2015
Ilustraciones de interior: Eric Andrews con © Simon & Schuster, Inc.
El dibujo de la página 46 se realizó a partir de una fotografía con
copyright © 2011 de Mark Emery y se utiliza con permiso.
This edition is published by arrangement with Adams Media through
International Editors & Yáñez Co. S.L.

DE LA EDICIÓN ESPAÑOLA
© Editorial Planeta, S.A., 2025
© de la traducción: Raquel Garcia, 2025

ISBN: 978-84-08-30479-1
Depósito legal: B. 8.030-2025
Impresión y encuadernación: Gómez Aparicio
Printed in Spain — Impreso en España

DEDICATORIA

Un libro debe dedicarse no solamente a aquellas personas que han aportado los conocimientos para escribirlo, sino también a aquellas que lo han hecho posible. Mi esposa, Iris, ha hecho posible que yo cumpla mi sueño de enseñar habilidades de supervivencia al aire libre a otras personas a través de muchos medios, desde las redes sociales hasta la televisión, y también por escrito. Me ha apoyado fielmente a lo largo de incontables horas de formación y evolución, durante años de prácticas. Siempre me ha respaldado y se ha volcado por completo para ayudarme a hacer realidad mis sueños en este y cualquier otro empeño, y por eso quiero dedicarle este libro.

También quiero dar las gracias a mi padre por la ética del trabajo que me inculcó a lo largo de toda mi vida y que sigue inculcándome hoy. Mientras luchamos por hacer realidad nuestros sueños en la vida, debemos recordar que el camino hacia el éxito está pavimentado con el trabajo que le dediquemos. He aprendido bien esta lección gracias a sus enseñanzas.

En cuanto a los contenidos de este libro, la lista es, cuando menos, exhaustiva: nombres olvidados de la historia, tanto de origen estadounidense como europeo, pueblos nativos del continente americano que nos transmitieron su sabiduría en los albores de la exploración y muchos referentes actuales que hoy día continúan compartiendo sus conocimientos en un afán por legar su sabiduría a las generaciones venideras. Las obras de autores del pasado como Daniel Beard, Ernest Thompson Seton, Hyatt Verrill, William Hamilton Gibson, George Washington Sears, Horace Kephart, Mors Kochanski y tantos otros me vienen rápidamente a la mente, como grandes ejemplos de hombres de los que he adquirido una gran cantidad de conocimientos para avanzar en mi aprendizaje.

AGRADECIMIENTOS

Para empezar, uno siempre debe reconocer de dónde proceden los conocimientos que ha adquirido. Para mí esta es una cuestión realmente compleja. Cuando empecé con esta andadura, no me manejaba muy bien con las redes sociales, ni siquiera sabía qué era YouTube, y —como he podido ver— tampoco había mucha información sobre *bushcraft* en estos medios. Así que, para mí, el aprendizaje llegó a través de dos fuentes: la investigación y la práctica.

Leer siempre ha sido mi forma de investigación preferida, y hay montañas de libros sobre cada aspecto de las habilidades necesarias para ser autosuficiente si uno está dispuesto a buscarlos. Autores como Hyatt Verrill, Warren Hastings Miller, Francis Buzzacott y, por supuesto, George Washington Sears y Horace Kephart han publicado mucho sobre este tema. En la actualidad también contamos con muchos autores que pueden ayudarnos a ampliar nuestros conocimientos en este campo y algunos de ellos, como Bradford Angier y Mors Kochanski, ya están considerados referentes básicos. Tenemos acceso a internet, lo cual nos ha abierto una cantidad de puertas que treinta años atrás no estaban a nuestro alcance. Debemos mucho a grandes pensadores como Vint Cerf, que nos permitieron transmitir información de manera instantánea por encima de las fronteras marítimas.

SUMARIO

Nota a la edición española 10
Introducción 11

CAPÍTULO 1: LA EQUIPACIÓN   15

Planificación 16
Las diez C 17
Control de la temperatura corporal 18
Herramientas. 20
Confort 25
Accesorios 28
Trucos y consejos. 28

CAPÍTULO 2: RECURSOS NATURALES   29

Pino. 31
Sauce 34
Álamo 35
Roble 37
Sasafrás 38
Abedul 39
El método ITEM 42
Preparados medicinales 42
Trucos y consejos. 43

CAPÍTULO 3: HERRAMIENTAS Y MÁQUINAS SIMPLES DE MADERA · 45

Palo para lanzar o cavar 45
Tocón yunque 47
Lanza o arpón 48
Mazo 49
Cuñas 50
Máquinas simples 51
Trucos y consejos 55

CAPÍTULO 4: COMBUSTIÓN AVANZADA · 57

Encendido primitivo 58
El método del taladro de arco 59
Pedernal 69
Combustión solar 71
Trucos y consejos 73

CAPÍTULO 5: EL REFUGIO · 75

Los cuatro elementos 76
Establecer un campo base 77
Campamentos itinerantes 78
Refugios permanentes 82
Construcciones de tierra 85
Comodidades 87
Trucos y consejos 91

CAPÍTULO 6: NUDOS, AMARRES, TEJIDOS Y TELARES · 93

Tipos de cuerdas 93
Nudos 97
Tejer cestas 107

Cómo tejer. 110
Tejido con tabletas 114
Telar de clavijas simple 115
Telar de cinta. 117
Telar de cintura 121
Tejer redes 121
Cinchas 124
Trucos y consejos. 124

CAPÍTULO 7: TRAMPEO　　　　　　　125

Comportamiento animal. 126
Señales de animales. 127
Recursos de la cadena alimentaria inferior. 128
Trampas acuáticas 128
Tipos de trampas primitivas 132
Trampas para aves 138
La caza 142
Trucos y consejos. 145

CAPÍTULO 8: LA CONSERVACIÓN
DE LOS ALIMENTOS　　　　　　　147

Harinas 148
Frutos secos. 150
Frutas, verduras y hierbas. 151
Fruta deshidratada. 153
Plantas para la despensa 154
Savias. 155
Carne. 156
Trucos y consejos. 159

CAPÍTULO 9: CONSERVACIÓN DE PIELES, CURTIDO Y REPARACIÓN — 161

Pieles pequeñas 161
Pieles grandes 163
Pieles sin curtir 164
Curtido 164
Reparación y confección de prendas 167
Puntos de remiendo. 168
Patrones básicos. 169
Trucos y consejos. 171

CAPÍTULO 10: TRABAJAR LA MADERA — 173

Herramientas. 173
Madera dimensional 178
Banco de carpintería 180
Escoba. 180
Sustitución de mangos de hacha y de herramientas. 182
Cómo construir un arco de madera 184
Cómo hacer flechas 188
Trucos y consejos. 192

CAPÍTULO 11: TRABAJAR EL METAL — 193

Herramientas. 194
Fuentes de metal 198
Trabajar con metal duro. 200

CAPÍTULO 12: CONTENEDORES Y MEDIOS DE TRANSPORTE — 207

Contenedores de agua 208
Cestas 209
Vasijas de barro 210
Barcos 214
Bastidores 221
Trucos y consejos 222

Apéndice A: *Tarps* y configuraciones 223
Apéndice B: Cocinar en olla de hierro 225
Apéndice C: Las nubes 235
Apéndice D: Orientación primitiva 237
Apéndice E: Escala de dureza mineral 245
Apéndice F: Conversiones de medidas 247

Índice 249

NOTA A LA EDICIÓN ESPAÑOLA

Esta es una traducción íntegra del libro *Bushcraft Advanced*, publicado originalmente en EE. UU. Algunas de las actividades descritas en él, como las relacionadas con el uso de trampas, pueden entrar en conflicto con la legislación española. Se recomienda encarecidamente al lector que se informe de las normativas correspondientes, tanto a nivel estatal como regional, antes de llevar a la práctica las actividades propuestas.

Introducción

Este es el segundo volumen de lo que espero que se convierta en una colección de libros dedicados al arte del *bushcraft*, el arte de la supervivencia en la naturaleza. Su predecesor, *El ABC del bushcraft*, es un manual básico sobre las habilidades necesarias para una estancia corta en plena naturaleza. Estas habilidades incluyen saber contar con la equipación adecuada, seleccionar y manejar herramientas, obtener suministros y montar un campamento. Una gran parte del contenido de ese primer libro trataba sobre cómo conectar con la naturaleza y aprender los conceptos básicos para estar bien preparados ante cualquier clima y cualquier situación. En *El ABC del bushcraft* aprendimos que con nuestros conocimientos y un puñado de herramientas podemos conseguir muchas cosas. Hablamos de los utensilios necesarios para una estancia corta al aire libre. En *Bushcraft avanzado* subiremos de nivel y nos prepararemos para una estancia larga en plena naturaleza.

Lo más importante que hay que saber antes de embarcarse en una estancia larga en el monte es gestionar los recursos. No podemos cargar mucho la mochila, sobre todo si vamos a recorrer grandes distancias. Y, como no podemos llevarnos un camión cargado de suministros, es esencial comprender las limitaciones de nuestra equipación y aprender a aprovechar al máximo nuestro entorno y los recursos que nos brinda para superar dichas limitaciones. Hay que diferenciar qué suministros debemos llevar con nosotros y cuáles hay que recolectar o fabricar por el camino. Para ello es necesario saber fabricar herramientas versátiles, ser capaz de encender fuego con las mínimas formas de encendido, saber construir un refugio semipermanente y montar trampas efectivas para conseguir alimento. La autosuficiencia a largo plazo requiere mucha improvisación. Una parte muy importante es aprender a lidiar con lo inesperado. Las herramientas se pueden romper, el tiempo puede empeorar y, a veces, puede ser difícil encontrar alimento. Necesitamos confiar en nuestras habilidades para poder reparar un hacha si se nos rompe y, cuando cacemos una presa, conservar las sobras para que la carne nos dure mucho más. Si dominamos bien destrezas como construir embarcaciones o contenedores para recolectar agua y otros elementos, seremos capaces de adaptarnos al clima y al entorno durante un tiempo largo. Nunca hay que subestimar el valor del confort. Si tenemos que pasar mucho tiempo al aire libre, dormir bien es fundamental. Saber construirse un lugar para dormir, una almohada y una cama elevada marcará una gran diferencia.

También analizaremos con detalle técnicas avanzadas para sobrevivir en la naturaleza, como confeccionar prendas de abrigo, elementos para el refugio o redes para cazar peces y otros animales acuáticos que son fuente de proteínas. Manejar cordajes y fabricar cuerda a partir de materiales naturales serán componentes clave de estas prácticas.

Comprender el mundo natural es absolutamente esencial para ser capaz de desenvolverse en la naturaleza. Es nuestra despensa de alimentos, de material para hacer fuego y de recursos sanitarios, y nos proporciona un lugar y unos materiales para construir nuestro refugio. Ser capaces de reconocer los componentes de un árbol, desde las propiedades de su madera al valor medicinal de sus hojas y su corteza, nos permitirá aprovechar el mayor recurso que nos brinda el entorno. Reconocer a los animales y sus patrones de comportamiento es lo que nos ayudará a anticiparnos a ellos cuando vayamos de caza. Incluso las nubes del cielo pueden ofrecernos una previsión del tiempo, que nos será útil para hacer los ajustes necesarios en nuestro campamento y nuestro refugio.

¡Hay que practicar! Aprovechemos las salidas cortas como una oportunidad para mejorar todas estas habilidades y experimentar la vida cuando solo llevamos un puñado de cosas en la mochila. Si algunas cosas no salen bien de inmediato, no pasa nada: regresamos a casa, descansamos y lo volvemos a intentar en nuestra próxima salida.

Este manual está pensado para quienes ya dominan las habilidades de supervivencia primitivas básicas y pretende ampliar dichos conocimientos y habilidades para una estancia larga en plena naturaleza, unos pocos días o incluso toda una temporada de caza. Son técnicas que también nos ayudarán en caso de extraviarnos o si nos quedamos varados y sin recursos. La mayoría de ellas, además, nos ofrecen la oportunidad de sumergirnos de lleno en la naturaleza como hicieron nuestros ancestros antes que nosotros. Como bien escribió George Washington Sears (Nessmuk): «Buscamos el bosque para vivir aventuras y una vida de cazador libre y al aire libre, al menos durante un tiempo». *Bushcraft avanzado* es el manual para tu aventura. Utilízalo para sobrevivir y prosperar en la naturaleza.

DAVE CANTERBURY

Capítulo 1

LA
EQUIPACIÓN

«El doctorado en conocimientos forestales solo puede impartirlo la madre naturaleza en el aula del aire libre. Mucha gente puede formarte, pero solo la experiencia puede enseñarte.»

DAVE CANTERBURY

El *bushcraft* es la práctica de las habilidades para sobrevivir y prosperar en el mundo natural. En *Bushcraft avanzado* perfeccionaremos estas habilidades e iremos más allá de la mentalidad de las necesidades inmediatas. Aprenderemos a pensar sobre la totalidad de nuestras destrezas y suministros, y sobre la forma en que se interrelacionan para procurarnos una autosuficiencia a largo plazo. Dicho de otra manera, no solo se trata de empaquetar recursos; se trata de pensar por adelantado el tipo de técnicas necesarias para adecuar nuestros recursos o fabricar más si es necesario. Aprenderemos que, para ser autosuficiente, hacen falta muchas habilidades, pero muy pocas herramientas. Con tan solo un puñado de los utensilios adecuados podemos fabricar la mayoría de las cosas que necesitamos, desde un refugio permanente hasta ropa, material de caza, armas e incluso medicinas.

PLANIFICACIÓN

Las salidas al campo de corta duración son una excelente oportunidad para practicar y ponernos a prueba con una equipación más reducida. Viajar con menos utensilios requiere mucha improvisación con las herramientas y los suministros, y no pasa nada si las cosas no salen a la perfección. En una salida corta, tanto si es de un día como si es de una semana, no importa mucho si nuestro refugio es incómodo o si el trampeo no se nos da muy bien. Las salidas cortas tienen que servirnos para aprender que, si algo no nos sale tan bien como queríamos, podemos volver a practicarlo la próxima vez para **que salga** mejor.

Una salida más larga —por ejemplo, una campaña de trampeo que dure la temporada entera— exige mucha confianza en uno mismo y en sus habilidades. No queremos exponernos a una situación de riesgo innecesario. En las excursiones largas, unas cuatro o seis horas de sueño reparador son un elemento clave para nuestra seguridad. Con esta idea en mente, el nivel de confort de nuestro refugio y del material para dormir resulta muy importante.

Es posible que tengamos que cargar con utensilios para cazar alimento pero, como quizá no cacemos nada, conviene cargar también con víveres. Además, será necesario pensar la mejor manera de conservar los recursos más valiosos o asegurarnos de no malgastarlos. Si se nos rompe un cuchillo en pleno monte, puede que repararlo resulte imposible.

En un viaje largo también es importante contar con algún tipo de medio de transporte. Como los medios de transporte son aparatosos, es necesario que, a su vez, podamos aprovecharlos como recurso. Por ejemplo, un trineo que nos sirva para transportar suministros sobre la nieve puede servir también para cargar con madera para una hoguera o para transportar presas desde la trampa hasta el campamento. Los medios de transporte no suelen aparecer muy a menudo en los libros de *bushcraft*, pero son esenciales en la supervivencia a largo plazo. Nuestros ancestros nunca se adentraron en los bosques sin caballos, carretas, canoas, trineos o recuas de carga.

LAS DIEZ C

Como se explica en el libro *El ABC del bushcraft*, los elementos esenciales de toda equipación se basan en las cinco C de la supervivencia. Para estancias más largas en plena naturaleza, esas cinco C se amplían a diez:

- Herramientas de **corte**: cuchillos, hachas, sierras.
- Dispositivos de **combustión**: varillas de ferrocerio, encendedor, lupa (lente de aumento).
- Elementos de **cobertura**: ropa de temporada y de abrigo, *tarps*, mantas de lana, saco de dormir, *bivie* (saco de dormir térmico de emergencia), hamaca, tienda de campaña pequeña.
- **Contenedores**: botellas de agua, cantimploras, ollas y sartenes almacenables.
- **Cordajes**: cuerdas de nailon negro, paracord, cuerdas de material natural, cinchas, cintas de poliéster.
- **Complementos de algodón**: bandanas, pañuelo tipo *shemagh* (o palestino), redes, trozos de tela.
- **Cinta americana**: cinta extrafuerte resistente a la intemperie (personalmente, prefiero las de la marca Gorilla Tape).
- **Candil** o elementos de iluminación: frontales, velas, linternas de dinamo.
- **Calamita** o brújula: una de la marca que prefiramos y otra más pequeña, de repuesto.
- **Coser**: una aguja de coser dura y resistente para reparar tejidos gruesos.

No hay que olvidar incluir medicamentos, incluido algún antihistamínico para aliviar posibles reacciones alérgicas, y artículos de primeros auxilios.

A continuación, repasemos la equipación por categorías, para ver exactamente lo que necesitamos.

CONTROL DE LA TEMPERATURA CORPORAL

Esta es la primera categoría y la más importante. La ropa es el elemento clave para controlar la temperatura de nuestro cuerpo. Veamos específicamente qué tipo de prendas necesitamos.

ROPA

En nuestra equipación hay que incluir, como mínimo, dos conjuntos completos de calcetines y ropa interior, pantalones y camisas. Tiene que ser ropa cómoda en todas las estaciones, y conviene llevar ropa suficiente para dos tipos de clima diferentes (en total, cuatro conjuntos completos). Yo recomiendo llevar unos pantalones de lona resistentes, como los pantalones de escalador de árboles de Arborwear. Las camisas tienen que ser ligeras, de lona de algodón, manga larga y con botones, que son cómodas en todas las estaciones del año; y las camisetas de algodón aprovechan el enfriamiento por evaporación en verano. No hay que olvidar incluir prendas para la lluvia y la climatología húmeda. Tentsmiths tiene un modelo de chubasquero muy bueno de algodón tratado con un acabado en aceite/cera.

En invierno usaremos una capa gruesa de lana que funcione como aislante, como los **pantalones de lana merina** de Minus 33. En general, en los climas fríos, no hay nada mejor que la lana. Es confortable, pirorretardante, repele la humedad y, aunque esté mojada, no deja de ser un buen aislante. Yo prefiero la Boreal Shirt de Lester River Bushcraft, nunca me ha fallado, ni siquiera en los días y noches más fríos del invierno aquí, en los bosques del este. Si la lluvia helada y el aguanieve son un problema, combinaremos la lana con un buen impermeable.

CALZADO

Las **botas de piel** son imprescindibles para las actividades a largo plazo en plena naturaleza. Las Pronghorn de Danner son unas excelentes botas de tres estaciones, y su modelo Canadian va muy bien para el invierno. Al elegir el tipo de calzado que vamos a usar es importante recordar que las botas solo son impermeables si son botas altas. Llevar con nosotros un segundo par de botas nos ahorrará muchos problemas en las salidas largas, así podemos ir alternándolas y evitar desgastarlas demasiado rápido. Si cargar con un segundo par de botas es un problema, al menos conviene llevar en su lugar un par de mocasines para andar por el campamento, y así podemos darles un descanso a las botas de vez en cuando. Los mocasines, ya sean de piel de alce o de búfalo, van muy bien para acechar presas sobre hojas secas.

SOMBRERO

Nunca hay que menospreciar la importancia de un **sombrero** al preparar nuestro kit de supervivencia. Un buen sombrero nos protege del sol y nos ayuda a conservar el calor corporal, la mayor parte del cual se libera a través de la cabeza y el cuello. Un sombrero de fieltro de ala ancha va bien en primavera, verano y otoño. Un gorro de lana o un gorro largo nos ayudarán a combatir el frío en invierno. En los climas más severos, a mí lo que me va mejor son los viejos gorros de aviador de cuero, con orejeras y forro de piel.

BUFANDAS

Las **bandanas** y las **bufandas** son dos elementos básicos de la equipación de los leñadores desde hace cientos de años. Sus usos van más allá de lo obvio. La red de algodón que se usa como protección va muy bien en verano y con ella se puede improvisar una red para pescar. Las bandanas hechas de algodón, como las que son tipo *shemagh,* son prácticas para tres estaciones. En invierno, personalmente, prefiero una bufanda un poco grande, porque no solo me mantiene caliente, también la puedo usar como capa para repeler la nieve.

GUANTES Y MITONES

Un buen par de **guantes de piel de becerro** es ideal para proteger las manos de pinchos y zarzales, y evitar que nos salgan ampollas cuando hacemos las tareas habituales. En invierno, unos guantes árticos con forro de lana son indispensables. Mi experiencia me dice que, para estar cómodo todo el día en plena ruta o trampeando, tan importante es mantener calientes las extremidades como el torso.

HERRAMIENTAS

A la hora de preparar las herramientas que formarán parte de nuestra equipación, lo que distingue de verdad un buen kit de supervivencia es que no haya redundancias. Veamos con detalle las distintas opciones que tenemos en lo que respecta a las herramientas, para que podamos decidir de forma inteligente cuáles incluir en nuestra equipación en una salida larga.

FARMED

Siempre hay que tener presente este acrónimo cuando vayamos a comprar herramientas para nuestro kit. Resulta muy útil a la hora de decidirnos entre múltiples marcas y estilos.

- Funcionalidad – ¿La herramienta está diseñada para un único propósito específico o puede utilizarse para completar diferentes tareas?
- Asequibilidad – ¿La herramienta se ajusta a mi presupuesto, sobre todo si tengo en cuenta la suma total de herramientas que necesito comprar para mi kit?
- Repetibilidad – ¿Puedo realizar tareas de la misma manera con esta herramienta y conseguir siempre el mismo resultado o dominarla requerirá una larga curva de aprendizaje?
- Mantenimiento – ¿Es una herramienta fácil de conservar y mantener a lo largo del tiempo con el mínimo material?
- Ergonomía – ¿Es la herramienta adecuada para mi constitución y mi estatura? ¿Me cansaré utilizándola o me resultará incómoda?
- Durabilidad – ¿Es una herramienta de buena calidad que me va a durar años si la cuido bien?

LISTA DE LAS CINCO HERRAMIENTAS MÁS IMPORTANTES

Estas deberían ser las herramientas básicas de nuestro kit. A la hora de decidir qué versiones de estas herramientas incluimos en nuestra equipación, hay que tener en cuenta los factores medioambientales, el tipo de refugio que planeamos construir y la duración de nuestra estancia en el monte.

- Cuchillo
- Hacha
- Sierra
- Herramientas para tallar
- Punzón

CUCHILLO

Cuando se trata de escoger un cuchillo para nuestro kit, las opciones pueden resultar abrumadoras. Una buena idea es llevar varios cuchillos para tareas diferentes.

> **CONSEJO BUSHCRAFT**
>
> **Tres cuchillos que vale la pena llevar:**
>
> - Cuchillo de 12-15 cm para desollar
> - Cuchillo para tareas finas
> - Navaja de acero al carbono, que podemos guardar en el bolsillo

Algunos perfiles de filo son más adecuados para determinadas tareas que otros. Un perfil desollador siempre será el mejor cuchillo para procesar carne de caza. Un filo más delgado siempre será mejor para tallas finas y también para el deshuesado y el fileteado. Si preparamos la equipación para una estancia larga en plena naturaleza e incluimos recursos para tareas más avanzadas, la caza va a ser un elemento fundamental para nuestro éxito. Procesar la caza para alimentarnos, construir herramientas y preparar pieles es más complejo que tallar muescas, así que vamos a necesitar un filo específico para este tipo de tarea. Un buen cuchillo para procesar alimentos debe tener entre 10 y 12 cm de largo y ser bastante fino, de unos 3 mm o menos. Un afilado escandinavo (en V) es el más práctico para este tipo de tareas, pero el afilado plano también puede irnos bien. Ambos son fáciles de mantener en el campo, pero también son lo bastante robustos como para funcionar como cuchillo principal si necesitamos un sustituto.

Recientemente ha habido bastante debate sobre la idoneidad de llevar un cuchillo de cinturón. Mucha gente dice que un cuchillo así ya es suficiente para tareas que van desde las tallas finas y el procesado de presas de caza hasta partir leña. Yo suelo estar de acuerdo con esta filosofía, sobre todo porque, si pierdes la mochila, este cuchillo siempre lo vas a llevar encima. Con esta idea en mente, lo que hay que hacer es practicar: hay que utilizar el cuchillo para llevar a cabo tareas diversas antes de embarcarnos en una estancia larga en plena naturaleza.

HERRAMIENTAS PARA TALLAR

En los bosques del este de Estados Unidos, la navaja o navaja plegable está considerada como la mejor herramienta para tallar. Morakniv tiene una buena gama de herramientas para tallar. También me gusta el cuchillo de trinchar o *mocotaugan*, que era la herramienta habitual de muchos pueblos nativos del país. Este cuchillo, similar al cuchillo curvo de Deepwoods Ventures, es muy versátil y sirve para tareas tan distintas como tallar remos para una canoa o fabricar asas de repuesto.

MACHETES Y HOJAS MÁS LARGAS

En algunas zonas un machete es la mejor opción, combinado con un cuchillo más pequeño. La ventaja del machete es que lo podemos utilizar rápidamente para abrir un camino o para cortar ramas de un árbol. También funciona como herramienta para raspar y cortar madera. En mi opinión, el **machete** es el verdadero «compañero del leñador». A la hora de adquirir un machete, hay que elegir uno de un tamaño que nos vaya bien. ¿Cómo saber eso? Yo lo calculo así: la distancia de la punta de la hoja del machete hasta la base de la empuñadura debe ser más o menos la misma que la distancia que va de tu codo a la punta de tus dedos.

HACHAS

El **hacha** principal que hay que llevar debe tener un mango de una longitud mínima de 45-50 cm. Un hacha más grande, de 65-70 cm, será más eficaz para las tareas de más envergadura, como cortar árboles grandes. Aparte de en la configuración del mango, las hachas también varían mucho en función del diseño del cabezal y del filo de la hoja. Un hacha cuya cabeza pese hasta 1,5 kg va bien para talar árboles. La selección del hacha suele ser bastante personal, pero hay que tener siempre una cosa clara: una buena hacha vale su peso en oro en una larga travesía por el monte, lo sé por experiencia.

TOMAHAWKS

El *tomahawk*, una herramienta personal que se lleva colgada del cinturón, se usa desde hace cientos de años. Es un buen recurso adicional para el cuchillo. Uno de los aspectos más prácticos del *tomahawk* es que el mango es extraíble, y así el cabezal se puede utilizar aparte como herramienta para raspar o para despellejar. Un *tomahawk* es demasiado pequeño para procesar una gran cantidad de leña para el fuego o para talar árboles grandes, pero tiene la ventaja de que el mango es fácil de reponer si se rompe, lo cual hace de esta herramienta un objeto muy útil para las excursiones largas. En la actualidad hay una amplia gama de *tomahawks* en el mercado, pero los que tienen la cabeza más pesada son los mejores para tareas relacionadas con el procesado de madera.

HACHAS DE MANO

La decisión de cargar con un *tomahawk* o un **hacha de mano** dependerá de las necesidades personales de cada uno y del entorno. Una hachuela pequeña puede ser un buen complemento para el hacha grande. Las hachuelas se pueden llevar en el cinturón y son fáciles de manejar con una sola mano. Van muy bien para la talla de precisión y cortar la leña para el fuego en trozos pequeños. Conviene optar por modelos que permitan colocar la hoja central de modo que también podamos usarla como herramienta para tallar o desollar. Las Hudson Bay, por ejemplo, van muy bien para esto.

SERRUCHOS

Los **serruchos plegables** son una excelente incorporación a nuestro kit de supervivencia, siempre y cuando la hoja no sea muy agresiva. Y con agresiva me refiero a una hoja de dientes largos y de corte amplio o con mucha distancia entre los dientes, pues no son aptas para el corte fino. Lo mejor es escoger un hacha de dientes más pequeños y corte estrecho. Actualmente hay en el mercado muchas sierras plegables de poda, para madera verde. El problema de esta configuración es que limita el uso de la sierra. Un serrucho plegable es más eficiente si también podemos utilizarlo como una sierra de corte de muescas, por esta razón una hoja de corte transversal será más fácil de controlar y los cortes nos quedarán más limpios. En este sentido, la gama de serruchos disponibles en el mercado es muy amplia, pero, para mí, el serrucho plegable con la mejor hoja y la mayor durabilidad es el modelo de Bahco Laplander.

- **Sierras de hoja fija:** Estas sierras no solo incluyen las de corte transversal o las de cola de milano, sino también las de poda. Los tipos de sierra que deberemos incluir en nuestra equipación dependerán de lo que vayamos a hacer con ellas. Si cargamos con un serrucho o con una sierra de arco con hoja para madera verde, nos convendrá más una hoja de corte transversal sencilla con dientes un poco más finos que una hoja de poda para madera verde.
- **Sierras de arco:** La sierra de arco, la sierra de calar y la sierra de bastidor son opciones seguras, y su fácil uso ayuda a no gastar nuestras preciadas calorías. Conviene incluir una de estas sierras en nuestro kit de invierno, no importa lo larga o corta que vaya a ser nuestra estancia. En el caso de equipamientos para estancias largas, hay que procurar sobre todo que la hoja tenga una longitud mínima de 50 cm y que cuente con hoja para madera verde y para madera seca. La ventaja de una sierra de arco (con marco metálico) es la

durabilidad. Recomiendo este tipo de sierras para las salidas largas. Aunque esté hecho de metal, el marco es en realidad un tubo hueco, por lo que la diferencia en cuanto a peso es insignificante.

PUNZONES

El **punzón** era una de las herramientas más importantes en la época de los pioneros de Estados Unidos y uno de los objetos de metal más valiosos, solo superado por el cuchillo. Los punzones sirven para hacer agujeros en materiales como el cuero, la corteza de árbol y la madera. Hay varios tipos de punzones, pero el más versátil de todos es el punzón curvo. Estas herramientas tienen dos caras con tres o cuatro lados en cada punta. La conicidad del punzón suele ser un poco diferente en los extremos opuestos, de modo que nos ofrece cierta versatilidad para hacer agujeros. En caso necesario, se puede fabricar fácilmente un mango para un extremo de esta herramienta o añadirle un orificio para poder dar puntadas de cierre.

CONFORT

Es esencial conseguir descansar bien por la noche, tanto en las salidas largas como en las salidas cortas. Aunque el plan sea construirnos un refugio permanente, es necesario estar preparados para construir un refugio temporal en caso de que necesitemos abandonar el campo base un par de días. Un buen *tarp* de hule de algodón egipcio de, como mínimo, 6 m², como el de Tentsmiths, combinado con algo que funcione de barrera contra la humedad, como, por ejemplo, una colchoneta gruesa y una buena manta de lana, son una muy buena opción para los climas fríos. Hay que procurar contar con una buena cama y una buena hoguera. La manta Pathfinder 100% lana de Self Reliance Outfitters funciona muy bien como manta para primavera, verano y otoño, así como también las mantas Witney (busca en eBay), Hudson's Bay o Tony Baker. También se puede echar un vistazo en las tiendas de material militar, a veces venden mantas que son 100% lana. Cualquier buena manta de lana que se precie debe estar confeccionada solo con lana, y debe tener unas dimensiones de, aproximadamente, 2,45 × 2,45 m.

HAMACAS

Las **hamacas** ofrecen varias ventajas, incluso para su uso en refugios de estancias largas, y nos permiten dormir bien por la noche. Los hombres de bosque llevan utilizándolas desde el siglo XIX. Antiguamente se hacían de una tela que en Estados Unidos conocemos como *balloon silk*, de red de cuerda o de lona. La *balloon silk* no es tan diferente en términos de consistencia y peso del material de tipo paracaídas que se usa actualmente para confeccionar las hamacas. Las hamacas son una opción excelente en primavera, verano y otoño si se combinan con una manta. Incluso pueden utilizarse cuando hace frío si se usa algún tipo de colcha de calidad a modo de colchón para evitar los problemas de la convección derivados de dormir en una cama colgante sobre el suelo. Muchos fabricantes de hamacas confeccionan una mosquitera que va incorporada a la hamaca o que se le puede añadir. Estas redes crean una pantalla de protección contra los insectos.

TIENDAS DE CAMPAÑA

Las tiendas de campaña pequeñas que caben en la mochila ofrecen confort y seguridad ante insectos y otros bichos. La desventaja es que su formato restringe el campo de visión y nos impide utilizar el fuego como fuente de calor para dormir. ¡Todos los artículos de nuestro kit tienen sus ventajas y sus inconvenientes! Existe una amplia gama de tiendas de campaña en el mercado, pero yo sugiero escoger una que esté fabricada con un material resistente y que podamos cargar cómodamente. La durabilidad es un factor muy preciado. Una posible desventaja que tener en cuenta es la condensación que suele formarse de noche en el interior de las paredes de la tienda, que puede hacer que sean más frías que un refugio abierto. Conviene escoger un modelo que tenga la parte superior de malla y faldón para la lluvia, porque estos elementos ayudan a reducir el problema de la condensación.

BIVIES

Un *bivie* es un refugio portátil, como una minitienda de campaña individual, que se monta en un santiamén. Para elegir un buen *bivie* hay que seguir las mismas recomendaciones que para elegir una tienda de campaña: buscar un modelo fabricado en material durable, con malla y faldón para prevenir la condensación. Algunos fabricantes ofrecen *bivies* con saco de dormir incluido.

CAMA PLEGABLE

Existen camas plegables especiales para la caza que son tienda de campaña y cama a la vez. Pueden ser bastante confortables y ofrecen todas las ventajas de una cama elevada del suelo y de una tienda de campaña cerrada.

CAMAS ULTRALIGERAS

Las camas ultraligeras son camas elevadas del suelo que se montan en un par de minutos. Se pliegan hasta adoptar un formato muy pequeño y son extremadamente ligeras, lo cual las convierte en una muy buena opción para dormir en el campo durante largas travesías.

CONSEJO BUSHCRAFT

Las mantas *point blanket* son un tipo de mantas de lana asociadas a la Hudson Bay Company. Son mantas clásicas que llevan vendiéndose en Estados Unidos desde 1779. Estas mantas tienen una serie de líneas de colores (*points*) tejidas en uno de los bordes que indican el tamaño de la manta. Durante la época del comercio de pieles, la manta *point blanket* más grande era una manta de cuatro líneas de 1,85 × 2,30 m. Las mantas *point blankets* modernas tienen hasta seis líneas, y miden 2,45 × 2,45 m, aproximadamente. En términos actuales, una manta *point blanket* de cuatro líneas es apta para una cama individual, mientras que una de seis líneas es apta para una cama de matrimonio grande. Antaño estas líneas también servían para indicar cuántas pieles de castor «hechas» o acabadas valía la manta. Así, una manta de seis líneas tenía el valor de seis pieles de castor «hechas» o su equivalente en otro tipo de piel.

ACCESORIOS

Los accesorios son la última prioridad cuando preparamos un kit de emergencia o supervivencia, pero en una salida a largo plazo estos artículos resultan muy importantes, porque hacen más «agradable» la vida en el campamento y también prolongan la durabilidad de nuestros suministros. Entre ellos se cuentan útiles que nos permiten reparar y restaurar, velas, ayudas a la orientación, contenedores adicionales e incluso raquetas de nieve.

PRIORIZAR LOS ACCESORIOS

- Kits de reparación con herramientas adicionales
- Yescas y extensores de fuego prefabricados
- Menaje variado, como hornos reflectores plegables y sartenes
- Lona adicional para construir cubiertas sobre áreas de trabajo
- Cuerda adicional para proyectos grandes como redes

TRUCOS Y CONSEJOS

1. Toda herramienta que manejemos debe tener un mango de madera para que sea más fácil de reparar en pleno monte.

2. En caso de necesidad, la hoja de una sierra de arco siempre se puede utilizar con un marco que fabriquemos nosotros a partir de materiales naturales presentes en nuestro entorno, como la madera.

3. Los recursos más preciados debemos guardarlos como última opción. Por ejemplo, nunca hay que encender un fuego con un mechero si podemos usar una varilla de ferrocerio, y nunca hay que usar una varilla de ferrocerio si podemos usar el sol.

4. La «mentalidad de zarigüeya» siempre es clave: hay que pensar como un carroñero. Nunca pasemos por alto un recurso que necesitemos pensando que ya volveremos a encontrarlo más adelante. Esto es muy importante en el caso de materiales relacionados con la combustión, la alimentación o la medicina.

5. Todos los elementos de nuestro kit deben ser versátiles y tener, como mínimo, tres posibles usos diferentes.

— Capítulo 2 —
RECURSOS
NATURALES

«Las ideas preconcebidas, sobre todo cuando uno se ha criado bajo su influencia, son las más difíciles de desaprender.»

STEWART EDWARD WHITE, *CAMP AND TRAIL*

Los recursos naturales son un componente fundamental del *bush-craft*. Los árboles, por ejemplo, son uno de los más importantes, porque podemos disponer de ellos durante las cuatro estaciones. Es verdad que algunos de los recursos que nos ofrecen los árboles son más fáciles de obtener durante las estaciones más templadas, pero la leña, las raíces y la corteza interior siempre están disponibles. En los bosques del este de Estados Unidos, donde yo vivo, abundan los árboles, y detallar todas las especies concretas es una tarea que excede el objetivo de este libro. No obstante, hablaré de algunas de las especies de árboles más prevalentes, como el pino, el sauce, el álamo, el roble y el abedul, y explicaré cómo aprovechar los recursos que nos ofrecen.

BTUS (UNIDADES TÉRMICAS BRITÁNICAS) DE LA MADERA

ESPECIE	CALOR POR CORD (EN MILLONES DE BTUS)	% DE CENIZA VERDE	FACILIDAD DE PARTIR	HUMO	CHISPAS	BRASAS	FRAGANCIA	CALIDAD GENERAL
Acacia de tres espinas	26,7	133	Fácil	Poco	Pocas	Excelentes	Suave	Excelente
Alerce del Canadá	21,8	-	Fácil-media	-	Muchas	Correctas	Suave	Correcta
Arce	25,5	128	Fácil	Poco	Pocas	Excelentes	Buena	Excelente
Arce plateado	19,0	95	Media	Poco	Pocas	Excelentes	Buena	Excelente
Enebro de las Rocosas	21,8	109	Media	Medio	Muchas	Pobres	Excelente	Correcta
Falsa acacia	27,9	140	Difícil	Poco	Pocas	Excelentes	Suave	Excelente
Morera	25,8	129	Fácil	Medio	Muchas	Excelentes	Buena	Excelente
Naranjo de Luisiana	32,9	165	Fácil	Poco	Muchas	Excelentes	Excelente	Excelente
Nogal negro americano	22,2	111	Fácil	Poco	Pocas	Buenas	Buena	Excelente
Picea	15,5	78	Fácil	Medio	Muchas	Pobres	Suave	Correcta
Pino de San Pedro Mártir	21,1	-	Fácil	-	Muchas	Correctas	Buena	Correcta
Pino ponderosa	16,2	81	Fácil	Medio	Muchas	Correctas	Buena	Correcta
Roble blanco	29,1	146	Media	Poco	Pocas	Excelentes	Buena	Excelente
Roble bur	26,2	131	Fácil	Poco	Pocas	Excelentes	Buena	Excelente
Roble rojo	24,6	123	Media	Poco	Pocas	Excelentes	Buena	Excelente
Sabina colorada de Virginia	18,2	91	Media	Medio	Muchas	Pobres	Excelente	Excelente
Sauce	17,6	88	Fácil	Poco	Pocas	Pobres	Suave	Pobre
Sicomoro	19,5	98	Difícil	Medio	Pocas	Buenas	Suave	Buena

PINO

El pino es uno de los árboles más abundantes en los bosques del este. Nos aporta recursos útiles todo el año. Como el pino es una conífera, no pierde sus agujas en invierno, cuando muchas otras especies dejan caer sus hojas. Veamos este árbol con más detalle para comprender mejor lo que nos ofrece.

El pino es fantástico porque, gracias a su condición resinosa, arde con rapidez y puede utilizarse para hacer fuego incluso si el clima es húmedo. El humo oscuro que genera una hoguera de leña de pino es producto de la quema de la resina que hay en el interior de la madera. La de pino es una madera blanda que va muy bien para construir un taladro de arco para encender fuego, aunque conviene evitar la resina, porque de lo contrario el taladro no funcionará. La madera de pino se talla muy bien, pero no es tan duradera como otras maderas para fabricar utensilios.

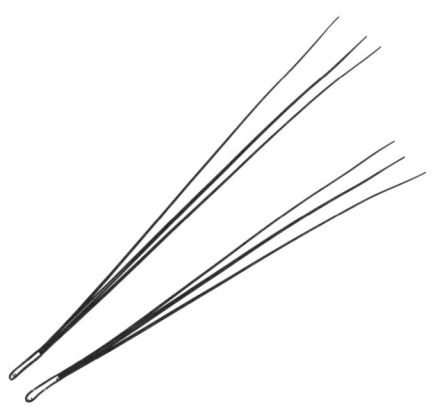

Agujas de pino

SAVIA/RESINA

La resina de pino normalmente se encuentra en la parte más exterior del árbol, allí donde se haya producido una herida. El goteo o secreción nos permite recolectar dicha resina desde el interior del árbol sin tener que dañarlo. Esta resina, o **savia,** es como oro líquido y deberíamos recogerla siempre que se nos presente la ocasión. Yo siempre llevo encima una pequeña lata de 100 g para poder recolectar savia cada vez que tengo ocasión y guardarla en mi kit de supervivencia. Como recurso medicinal, la savia de pino puede actuar como piel nueva en una herida poco profunda y, por lo general, funciona como antiséptico en la curación de heridas. La resina es muy inflamable y por eso va muy bien para encender fuego. También nos puede servir para fabricar un buen pegamento si la calentamos y le añadimos a partes iguales carbón y un aglutinante como espadaña o excrementos de animales herbívoros. Para derretir la savia hay que hacerlo a fuego bajo, porque si se quema se vuelve muy quebradiza. El pegamento resultante podemos guardarlo en un contenedor o enrollado alrededor de una varilla, como si fuera algodón de azúcar, y dejándolo secar por capas. Después solo tendremos que calentar la varilla con fuego para que el pegamento se ablande y podamos aplicarlo.

AGUJAS

Las agujas de los pinos del este son muy nutritivas y en proporción contienen más vitamina C que una naranja recién exprimida. También son ricas en vitamina A y con ellas se puede preparar una infusión excelente para reforzar nuestro sistema inmunitario. La infusión de agujas de pino también sirve de antiséptico y anticongestivo. No todos los pinos tienen el mismo sabor, así que conviene probar varios tipos diferentes para ver cuál es el que más nos gusta. Con las agujas también podemos confeccionar cestas, aunque esta tarea resulta algo tediosa. Las agujas de pino secas son un añadido fantástico para cualquier hoguera, ya que resultan muy inflamables. También van muy bien para confeccionar un nido de pájaro con el que encender fuego al estilo primitivo.

RAÍCES

Algunas especies de árboles, como la pícea, tienen raíces muy largas que crecen justo debajo de la superficie. Podemos recogerlas y utilizarlas para tejer cordajes y cestas. Una vez recogidas, hay que retirarles la corteza exterior para que las raíces sean más maleables. Las raíces más largas podemos cortarlas para que nos duren mucho más.

MADERA RESINOSA

Esta madera pertenece a la parte del árbol donde más se concentra la resina. A menudo el tocón y la masa de raíces son excelentes **maderas resinosas**. No todas las especies de árboles contienen mucha savia, así que habrá que experimentar con lo que nos encontremos. Lo que sí es verdad es que *todos* los pinos contienen madera resinosa. Muchas veces, un árbol muerto o caído puede tener una masa de raíces completamente saturada de resina. ¡Eso es una mina de oro! Si nos encontramos en un apuro para encender fuego, hay que recordar que la madera resinosa es altamente inflamable. Al combinar el poder acelerante de la resina con la madera como leña de combustión lenta, obtenemos una dupla natural. Tenemos que escoger una parte del árbol, vivo o muerto, donde haya crecido una rama y cortar esa rama lo más cerca posible del tronco. Ahí vamos a encontrar por lo menos unos centímetros de madera resinosa. Para procesar esta madera de modo que nos sirva para encender fuego, debemos localizar la zona más oscura y anaranjada y rasparla con el dorso del cuchillo hasta convertirla en finas virutas. Estas virutas se encenderán enseguida con una llama abierta o una varilla de ferrocerio.

CORTEZA INTERIOR

La corteza interior nos puede servir como fuente de alimento. También cuenta con muchas propiedades antisépticas e incluso puede servirnos como vendaje improvisado. Una vez seca, la corteza interior también puede servir para tejer cestas.

SAUCE

El sauce es un árbol que nos indica la presencia de agua, ya que solo crece bien en zonas húmedas a lo largo de ríos y arroyos, zonas de drenaje y orillas de lagos, por ejemplo. La madera de sauce es suave, se talla muy bien y es uno de los mejores materiales con los que construir nuestro taladro de arco para hacer fuego.

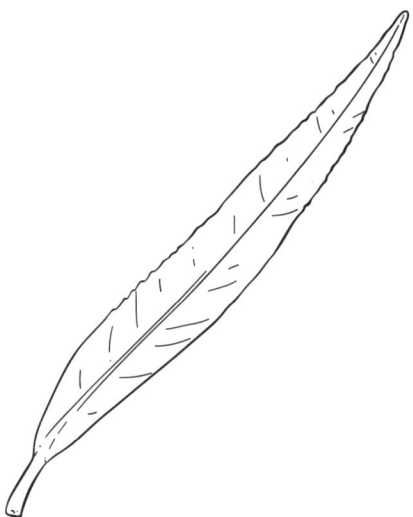

Hoja de sauce

HOJAS Y RAMAS

Las hojas y la corteza interior del sauce contienen salicina, un compuesto natural que es uno de los componentes químicos que forman parte de la aspirina. Una decocción de corteza interior de sauce es un buen remedio para el dolor de cabeza, y masticar hojas de sauce va bien para aliviar el dolor de muelas.

Las ramas del sauce llegan a ser muy largas y las nuevas crecen bastante rectas, por lo que se pueden utilizar para hacer flechas. También son muy flexibles, y eso hace que resulten muy prácticas para confeccionar cestos.

CORTEZA INTERIOR

La corteza interior del sauce puede servir para tejer cestas y bastidores de carga. El mejor momento para recoger este tipo de corteza es primavera y principios de verano, cuando la corteza exterior está más suelta y puede separarse del árbol fácilmente haciendo palanca con una cuña. Una vez arrancada, se separa la corteza interior de la exterior. Como suele suceder con la mayoría de este tipo de componentes, la corteza interior es más manejable cuando se conserva húmeda.

ÁLAMO

En los bosques del este hay muchos álamos. El álamo tulípero (también conocido como álamo amarillo) es uno de mis árboles favoritos, pero en realidad es más bien un magnolio y no un álamo como tal. La canoa de Daniel Boone estaba hecha de madera de este árbol. El álamo es un árbol de madera blanda y por ello resulta idóneo para construir un taladro de arco para encender fuego. Su madera también va muy bien para la talla y con ella podemos fabricar utensilios pequeños para nuestro campamento, como cucharas y espátulas.

Hoja de álamo tulípero

HOJAS

Las hojas y la corteza de este árbol son muy astringentes y pueden utilizarse con fines medicinales para tratar infecciones y eliminar sustancias irritantes de la piel, como los aceites de la hiedra venenosa. Infusionarlas y aplicar el líquido resultante en caliente con un lavado es una de las mejores formas de eliminar de la piel las toxinas de los aceites de la hiedra venenosa responsables de la erupción cutánea. Si la infusión se ingiere, tiene un efecto astringente y alivia la diarrea.

CORTEZA EXTERIOR

En primavera, la corteza exterior se puede separar fácilmente de la albura con la ayuda de un buen cuchillo o de la hoja de un hacha. Puede servirnos para hacer recipientes, desde cestas hasta fundas para almacenar las flechas. Para ello, haremos dos cortes circulares en la corteza alrededor del árbol: la distancia entre ambos cortes determinará la longitud de la pieza. A continuación, para abrir la corteza, hay que hacer un corte vertical introduciendo una cuña entre la corteza y la savia. Acto seguido podemos pelar lentamente la corteza exterior. Conviene tener muy presente que pelar la corteza matará al árbol, de modo que algo así solo tenemos que hacerlo cuando sea estricta y absolutamente necesario.

CORTEZA INTERIOR

En los bosques del este de Estados Unidos, la corteza interior del álamo es uno de los recursos más preciados entre *bushcrafters*, junto a la savia de pino. Esta corteza nos aporta material para construir nidos de pájaro y manojos de yesca con los que encender fuego. Si se recoge cuando todavía está verde, también va muy bien para tejer cordajes de dos hebras. Muchas veces las fibras de la corteza interior se pueden ver fácilmente a través de las cortezas que se pudren, colgando de las ramas. Si las ramas están muertas pero no peladas, el dorso del cuchillo nos irá de perlas para procesarlas y poder acceder a la corteza interior.

ROBLE

El roble, de veta gruesa y madera dura, se ha utilizado tradicionalmente en la construcción. La madera de roble es excelente para fabricar útiles e incluso asas de recambio para nuestras herramientas. Los robles americanos se dividen, a grandes rasgos, en dos grupos: robles rojos y robles blancos.

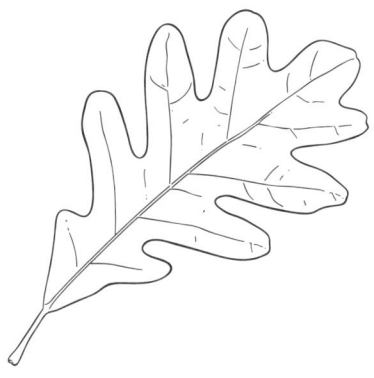

Hoja de roble

- El **roble rojo** es excelente como material para fabricar listones y madera dimensional. Su madera es fibrosa y flexible, por lo que también podemos utilizarla para fabricarnos un arco. Esta madera puede utilizarse para moldear en caliente muchos materiales, como armazones de mochilas y raquetas de nieve.
- El **roble blanco** representa la cara medicinal de la familia de los robles. En época medieval, la hoja de este árbol era el símbolo de la *materia medica,* es decir, de todo el conocimiento relativo a la medicina y las dolencias que dichas medicinas podían tratar. La corteza interior del roble blanco americano ayuda a aliviar la congestión nasal y el dolor de cabeza. Gracias a su elevado contenido en taninos, las hojas y la corteza de este árbol son muy astringentes y pueden utilizarse para tratar infecciones o atraer hasta la superficie los aceites de la hiedra venenosa, y también

para tratar la diarrea. El roble blanco americano es antiséptico por naturaleza, así que las decocciones elaboradas con este árbol son excelentes colutorios bucales y van muy bien para hacer gárgaras si se sufre de dolor de garganta o de problemas en las encías.

- La **madera de roble** es una madera dura de combustión lenta, lo cual la convierte en una gran opción para las hogueras que deben permanecer encendidas toda la noche y también para generar brasa en los fuegos que hacemos para cocinar.

SASAFRÁS

Incluyo el sasafrás en esta lista por las propiedades carminativas (favorecen la expulsión de los gases digestivos) que tiene la infusión preparada con sus raíces. Las hojas molidas de sasafrás aportan un toque de sabor parecido a la canela a alimentos como el pan rápido que podemos freír en una sartén. Con el sasafrás se elaboraba un tónico tradicional desde la época colonial hasta la década de 1960, cuando una serie de pruebas de la FDA demostraron que grandes cantidades de safrol, extraído de la raíz del sasafrás, causaban cáncer de hígado en ratas de laboratorio. La decocción de las raíces puede utilizarse para aliviar el malestar estomacal y regular el sistema digestivo.

Hoja de sasafrás

ABEDUL

En los bosques del este de Estados Unidos hay varias especies de abedul, pero el abedul dulce americano (*Betula lenta*) y el abedul de río (*Betula nigra*) son las dos más prevalentes en las zonas intermedias del valle del río Ohio. Todos los abedules contienen un aceite que puede extraerse de la corteza del árbol y que es tan inflamable que puede seguir ardiendo incluso cuando la corteza está húmeda. La madera de abedul es excelente para tallar y es el material preferido para fabricar mangos de cuchillos escandinavos.

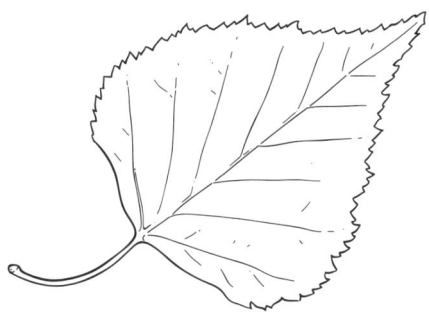

Hoja de abedul

CORTEZA DE ABEDUL

La corteza de abedul es la que nos ofrece los recursos más versátiles y valiosos de todos los árboles de los bosques del este, aparte de la del pino. Con sus aceites ricos y volátiles, al arder genera un humo negro que en verano puede ayudarnos a librarnos de los insectos. Su capacidad para arder en condiciones húmedas no tiene rival y, si se usa llama viva, casi no necesita procesarse para crear una buena hoguera que caliente bien mientras a la vez seca la yesca que tenga cerca. La corteza de abedul también es muy preciada como material para fabricar recipientes de todo tipo y para tejer cestos y fundas. Los pueblos nativos de Estados Unidos utilizaban corteza de abedul para la parte exterior de sus canoas. El mejor momento para recolectarla de los árboles vivos es entre mayo y junio, pero este árbol es tan resistente a la putrefacción que la corteza incluso se puede recolectar de los árboles muertos. Es posible recolectar la corteza exterior de un árbol vivo sin matarlo si lo hacemos sin alterar la corteza interior. Para ello, podemos hacer unos pequeños cortes de prueba que nos sirvan para averiguar el grosor y la maleabilidad de la corteza antes de recogerla en cortes más grandes.

CHAGA (*INONOTUS OBLIQUUS*)

Los abedules que crecen a gran altura o en climas más fríos están expuestos a un hongo parásito que se conoce popularmente como nariz de carbón o chaga. Es un hongo que crece en zonas de Estados Unidos, desde Nueva Inglaterra y Michigan hasta Carolina del Norte. A lo largo de la historia ha sido un hongo muy valorado por sus propiedades medicinales y de combustión. Tiene forma de bola o masa negruzca y aparece en el tronco de los abedules, tanto vivos como muertos. El chaga tiene un gran valor medicinal, y muchos *bushcrafters* se preparan una infusión con un trozo de este hongo. Cuando se usa como iniciador de fuego, las zonas blandas y amarillentas que hay bajo la costra exterior negra reciben las chispas del acero o de la varilla y mantendrán un ascua que nos servirá para el encendido. El chaga se puede cortar en rodajas o convertir en un polvo que después podemos guardar en el botiquín para su uso posterior.

PROPIEDADES MEDICINALES DE LOS ÁRBOLES

ÁRBOL	PROPIEDADES
Pino	Descongestionante, antiséptico, refuerza el sistema inmunológico
Sauce	Alivia el dolor
Álamo	Astringente, alivia la diarrea
Roble	Descongestionante, astringente, alivia la diarrea
Sasafrás	Regula el sistema digestivo
Abedul	Antiséptico, repelente de insectos

ACEITE DE ABEDUL

Para extraer el aceite de abedul del árbol se necesitan dos recipientes de metal o arcilla. El primero, el **recipiente de recogida**, se entierra en el suelo hasta el borde y queda rodeado de tierra. El segundo se llena de corteza de abedul y se le practica un orificio u orificios de drenaje en el fondo, por el que el aceite irá pasando al recipiente de recogida. El segundo recipiente se coloca encima del de recogida. A continuación, se enciende una hoguera alrededor del segundo recipiente, para calentar su contenido, porque el calor liberará los aceites y estos, a su vez, descenderán hasta el recipiente de recogida. El proceso de llenado de un recipiente de recogida pequeño dura varios minutos. Al terminar, se retira con cuidado el segundo recipiente y podremos observar la cantidad de aceite recogida en el primero. Este aceite tiene muchas propiedades medicinales y puede utilizarse como antiséptico y como repelente de insectos. Es muy inflamable, por lo que debemos manipularlo con cuidado.

> **CONSEJO BUSHCRAFT**
>
> Con el aceite de abedul podemos hacer brea de abedul. Para ello tenemos que calentar a fuego lento el aceite hasta que hierva y se convierta en una especie de salsa espesa, y entonces lo removeremos hasta que adquiera textura de pasta. Hay que tener mucha precaución, porque tanto el humo como el líquido son altamente inflamables. Cuando ya tenemos la pasta bien densa, podemos enrollarla en una varilla y almacenarla para su uso posterior. Esta forma de almacenamiento la conocemos como *pitch stick*. También podemos modelarla en forma de cubitos o bolas y guardarla así. La brea de abedul tiene muchas utilidades. Si la recalentamos se convierte en un pegamento totalmente impermeable. También es un adhesivo flexible y puede servirnos para la fabricación y el sellado de recipientes y pieles, como en las costuras de los mocasines.

EL MÉTODO ITEM

Es verdad que los árboles y las plantas nos ofrecen muchos recursos, pero una correcta identificación de dichos árboles y plantas antes de emplear sus recursos resulta indispensable. Un amigo mío, Green Dean, tiene un método muy bueno para esto y lo llama ITEM:

- **I** – **Identificar** bien la planta que ofrezca, por lo menos, dos utilidades (alimentarias, combustibles o medicinales).
- **T** – Tener en cuenta el **tiempo**, es decir, la época del año: ¿la planta crece o florece en la estación adecuada de la especie?
- **E** – Observar el **entorno**: ¿la planta o el árbol crece en un entorno que le es apropiado? Por ejemplo, una planta que prefiere suelos áridos y rocosos no la vamos a encontrar en un pantano.
- **M** – Investigar el **método** de recolecta y elaboración. Muchas plantas deben recolectarse en un momento concreto de su ciclo vital, o hay que recolectar solamente una parte determinada de la planta. Debemos averiguar qué método hay que utilizar para preparar la planta como alimento o medicina. ¿Hay que usar goteo? ¿Hay que hervirla dos veces para poder elaborar una decocción?

PREPARADOS MEDICINALES

A continuación, detallo algunos métodos básicos con los que preparar los recursos naturales para su uso medicinal:

- **Infusión** – Este proceso se parece mucho al que usamos cuando nos preparamos un té. La porción de la planta que vamos a utilizar se sumerge en agua recién hervida y se aparta del fuego. Tapamos el contenedor con el agua caliente y la planta y dejamos infusionar durante 15-30 minutos. Acto seguido, se consume según sea necesario.
- **Decocción** – Es similar a la infusión, se hace con agua hervida. Sin embargo, en una decocción añadimos la corteza o las raíces

al agua hirviendo sin apartarla del fuego y removemos bien la mezcla hasta que se consuma la mitad del líquido. Después añadimos agua para volver a tener la misma cantidad de líquido y repetimos la operación. Cuando ya hemos hervido dos veces el líquido, podemos colarlo y consumirlo o utilizarlo según sea necesario. Nota: este es el método que hay que usar siempre con las cortezas y las raíces.

- **Fomentación** – Una fomentación no es más que una infusión o una decocción en la que hemos sumergido un paño de algodón durante cinco minutos para después aplicarlo directamente sobre la piel.
- **Lavado** – Una infusión o una decocción pueden utilizarse para lavar o irrigar una parte del cuerpo. También puede servirnos para darnos un baño de pies, por ejemplo.
- **Cataplasma** – Una cataplasma se suele preparar con la planta macerada envuelta sobre la piel con una venda. Sirve para desinflamar.

TRUCOS Y CONSEJOS

1. Si tenemos dificultades para identificar un árbol en invierno, cuando solo podemos fijarnos en la corteza, conviene echar un vistazo al suelo que lo rodea. Las hojas que veamos, aunque estén secas, pueden ser un buen indicador del tipo de árbol que tenemos delante.
2. Cuando vayamos a utilizar la corteza como recurso, siempre hay que recordar que la de abedul es la única que podemos arrancar sin matar al árbol entero.
3. Después de dañar a un árbol, hay que aplicar una capa gruesa de barro fresco en la herida, porque ayudará a protegerlo de otros posibles daños mientras se cura.
4. Siempre hay que recoger la leña medio podrida que encontremos, un tipo de leña que se siente esponjoso al tacto. Es buen material para encender fuego.

5. No perder de vista las vides de agua. En caso de emergencia, si no hay agua disponible, las vides de agua o de uva silvestre pueden retener agua durante varios meses, sobre todo desde principios de primavera hasta el verano. Hay que cortar la vid a ras de suelo y luego unos 60 cm más por la parte de arriba; una vid grande puede proporcionarnos el equivalente a un vaso de agua.

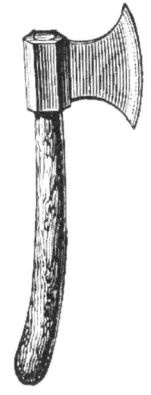

Capítulo 3

HERRAMIENTAS
Y MÁQUINAS SIMPLES
DE MADERA

«La prioridad de la naturaleza: cuida primero del cerebro y él cuidará de ti.»

GENE FEAR, *SURVIVING THE UNEXPECTED WILDERNESS EMERGENCY*

Además de las cinco herramientas de metal indispensables de las que hemos hablado en el primer capítulo, hay cinco herramientas de madera que podemos fabricarnos nosotros mismos fácilmente y que nos serán muy útiles en una estancia larga en el monte. La elección de herramientas dependerá del tipo de salida planificada y de la clase de alimento que vayamos a llevar. La lista que ofrezco a continuación tiene en cuenta que nos vamos a ir fabricando sobre la marcha las herramientas que necesitemos, con la idea de mantener el peso de la mochila al mínimo, algo especialmente importante si viajamos sin transporte.

PALO PARA LANZAR O CAVAR

Lo primero que hago cuando preparo mi campamento es un **palo para lanzar,** que también puede utilizarse para cavar. Este tipo de herramienta es una de las más fáciles de fabricar y aporta mucha versatilidad a nuestro equipamiento. Si es posible, el palo hay que hacerlo con madera dura verde (de roble, arce o magnolio) y debe medir lo mismo que un brazo, de la axila a la mano, o lo que llamo «longitud de mango de hacha». Lo que yo hago es tallar una cuña de 45 grados en un extremo y una punta roma en el otro. Esta herramienta tan básica podemos llevarla colgada en la parte de atrás del cinturón o en el saco de dormir. Sirve para cazar animales que corretean por el suelo, como conejos y ardillas, y también para cavar hoyos donde encender fuego y para excavar raíces y tubérculos. Puede servir como mazo de *batoning* si hay que procesar madera para la hoguera, e incluso utilizarse para retirar ramas muertas: atamos un cordel al palo, lo lanzamos por encima de las ramas y tiramos de él. Lo mejor de esta herramienta multifuncional es que solo se tardan dos minutos en fabricarla y que es muy fácil de reemplazar.

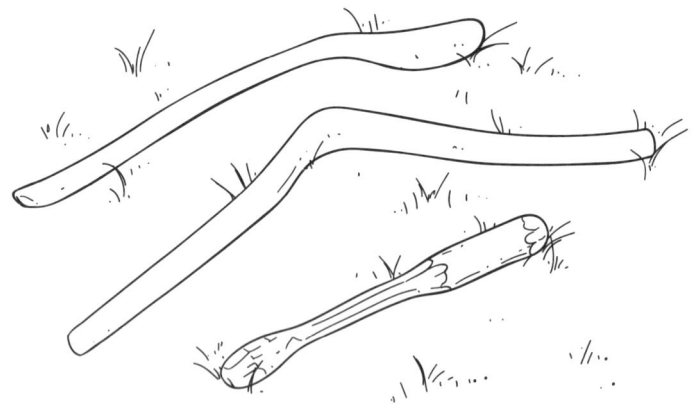

Palos para lanzar o cavar

TOCÓN YUNQUE

Si es posible, buscaremos un tocón grande o cortaremos un trozo de tronco lo bastante grande como para sentarnos en él. Su cantidad de usos a corto plazo es sorprendente. Nos permite sentarnos a cierta distancia del suelo y también nos sirve como banco de trabajo y como superficie seca donde procesar la yesca y las ramitas para encender fuego. Además, también podemos utilizarlo como caballete si le practicamos un par de muescas en V en el lateral, para colocar trozos de leña que tengamos que cortar. Cuanto más ancha sea la muesca, mayor podrá ser la pieza de leña que sujete. Esto también nos ayudará a evitar que nuestro cuchillo o hacha se claven en el suelo accidentalmente. El tocón yunque nos ofrece una superficie a modo de mesita donde colocar una vela por la noche. Por otro lado, también puede trabajarse más y hacer que cuente, por ejemplo, con un recipiente para moler en una cara de la superficie horizontal y con una serie de recortes en la otra cara que nos pueden servir para sujetar piedras de afilar y trozos de madera que se pueden usar como tablas para cortar.

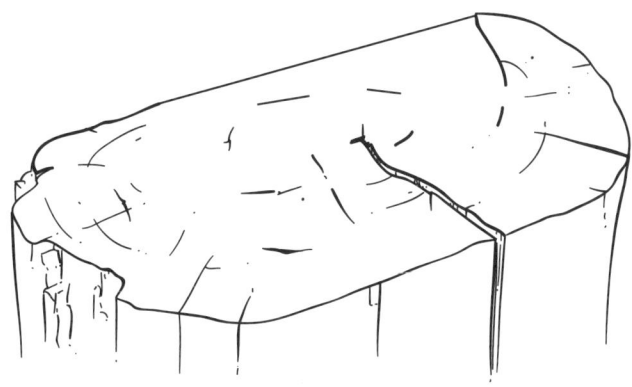

Tocón yunque (con surcos)

LANZA O ARPÓN

La **lanza**, por simple que pueda parecer, resulta extremadamente útil en diversas tareas que necesitamos llevar a cabo mientras vamos de travesía.

Conviene que esté hecha de una madera dura joven —por ejemplo, arce— y que, una vez terminada, supere por lo menos en 30 cm nuestra altura. En uno de los extremos tallaremos una horquilla bien recia con púas de unos 10 cm de largo. El otro extremo podemos trabajarlo de dos maneras diferentes según el entorno en el que nos encontremos. Si estamos cerca de un estanque o un riachuelo, lo idóneo es tallar un arpón. Esto se hace tallando la punta de la lanza en forma de cruz para contar con cuatro púas iguales, cada una de las cuales debe medir entre 15 y 20 cm. A continuación, hay que afilarlo todo como si fuera una sola pieza. Después, se colocan dos palitos verdes entre los cortes para abrir las púas, y podemos atarlas para impedir que se abran más, para, seguidamente, afilar las púas una por una. Y, así, una vez terminada, tenemos una herramienta que nos puede servir para cazar ranas, peces, serpientes y pequeños mamíferos; y, no solo eso, también nos servirá para recolectar frutos o nidos que cuelgan de los árboles.

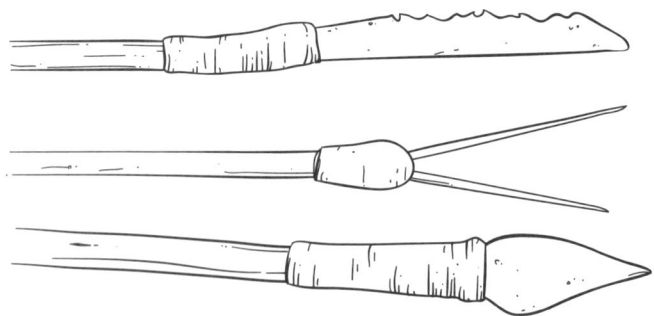

Lanza

La lanza también nos sirve como punto de apoyo y nos aporta estabilidad para cruzar arroyos, por ejemplo. Otro uso es el de soporte de ollas sobre la hoguera. La verdad es que, a medida que avance nuestra estancia en el monte y nuestra experiencia de caza, le iremos encontrando muchas más prestaciones.

MAZO

Es fácil hacer un **mazo** con una rama verde de madera dura. Los hay de varias medidas, pero para empezar yo sugiero buscar una rama que mida, aproximadamente, unos 40 cm de largo y 10 cm de diámetro. La cabeza del mazo la tallaremos con los primeros 15 cm de un extremo de la rama, y reduciremos el otro extremo para que nos encaje bien en la mano, de modo que el peso quede delante, como en un martillo. Esta herramienta se puede utilizar en muchas tareas, sobre todo para golpear la culata de una herramienta de metal como el cuchillo o el hacha. El mazo convertirá el hacha en una cuña, un cincel o un utensilio de corte con más control que si nos limitamos a blandirla sin más. Además, también nos puede ser útil junto con el cuchillo para cortar y partir madera con la técnica conocida como *batoning* si es necesario. Finalmente, también nos sirve para partir nueces, bellotas y moluscos. Como tiene más superficie que un martillo, es una buena herramienta para clavar estacas y cuñas de madera.

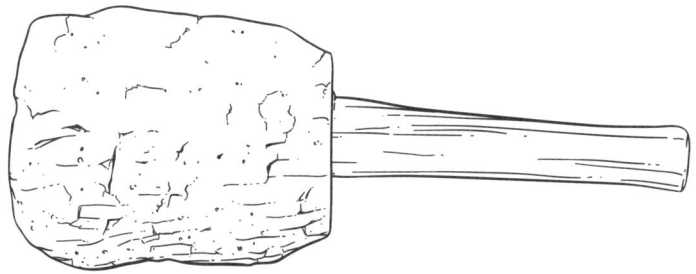

Mazo

CUÑAS

En cuanto haya que partir leña, vamos a tener que fabricarnos **cuñas**. Si nos vemos obligados a procesar leña con un cuchillo porque no tenemos nada más, una cuña resulta vital para retirar el cuchillo cuando este se atasca en la madera. Las cuñas tienen que estar hechas de madera dura verde y, como sucede con la mayoría de estos utensilios, debemos hacerlas de varios diámetros y ángulos. Las cuñas también nos servirán para partir troncos más largos, para construir arcos o para producir madera dimensional. También van muy bien para separar la corteza del árbol de la madera que contiene la savia para hacer recipientes o para elaborar tejas y elementos para el techado de nuestro refugio. Cuando no las utilizamos, las cuñas pueden servir como piquetas de tienda de campaña; solo por esto recomiendo fabricar al menos seis cuñas con un diámetro de entre 2,5 y 5 cm, y al menos 30 cm de largo. Así, estas herramientas serán una de las cinco máquinas simples que más a menudo utilizaremos en el monte.

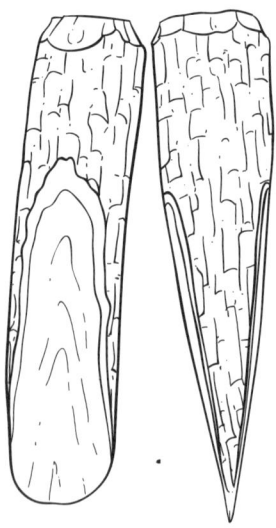

Cuña

MÁQUINAS SIMPLES

Aparte de las cuñas, hay otras cuatro máquinas simples que podemos construir con madera que encontremos en nuestro entorno y que nos ayudarán en las tareas del campamento y sus alrededores.

MOLINETE

Un **molinete** sirve para mover cosas que pesen mucho o para tensar. Por lo general, consiste en un cilindro horizontal que se hace girar mediante una manivela o una correa. Se fija un cabrestante a uno o ambos extremos y se enrolla un cable o cuerda alrededor del cabrestante, tirando de un peso fijado en el extremo opuesto. Un molinete también puede construirse de una manera más sencilla, con un bucle de cuerda o de cable anclado a un objeto fijo y luego enrollado alrededor de otro objeto que se desee mover. Seguidamente, se coloca una palanca de medida proporcional dentro del bucle y se gira, de extremo a extremo, para tensar la cuerda o el cable hasta que acabe por mover el objeto.

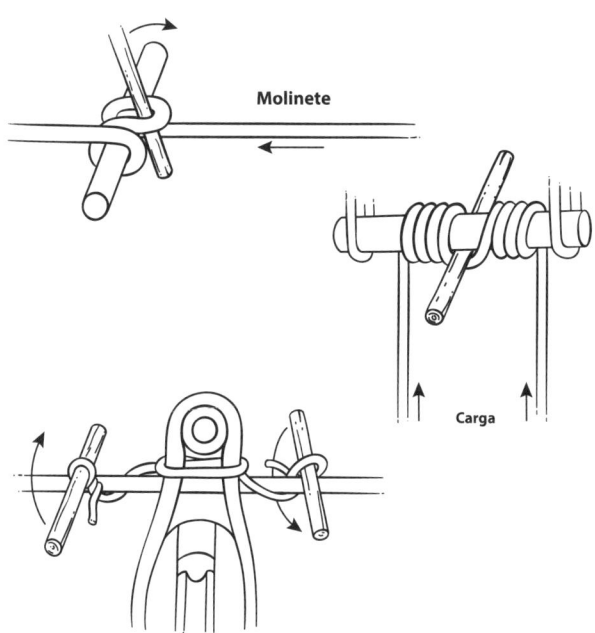

Molinete

Carga

Funcionamiento n.º 1 del molinete

Podemos utilizar postes grandes a modo de palanca, ya sea a ras de suelo o de pie, que enrollen la cuerda para mover un objeto pesado.

Un molinete también puede ser algo tan sencillo como un artilugio tensor para una sierra de arco, fabricado con materiales naturales. Podemos fabricar un tornillo de banco con un tocón verde empleando un molinete para tensar la pieza que tengamos que trabajar. En este caso, un molinete funciona de la misma manera que un torniquete: utiliza unas vueltas de cuerda tensionada por un palo que se sujeta atándolo a la parte inferior del tocón. Sirve para fijar y sujetar la pieza. Las trampas mortales a veces incluyen un dispositivo de molinete.

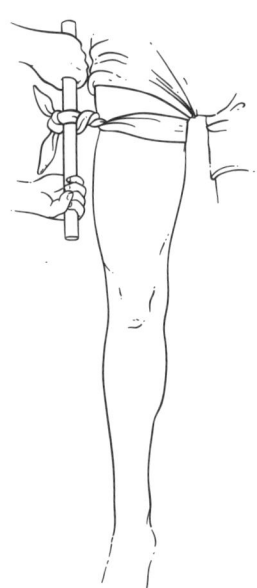

Funcionamiento n.º 2 del molinete

PLANO INCLINADO

Un **plano inclinado** es una máquina simple para mover objetos pesados a nivel de tierra. El plano inclinado aprovecha los ángulos para hacer palanca o tirar del peso hacia delante en un ángulo poco pronunciado, y así es más fácil mover un objeto pesado, porque no tenemos que tirar de él directamente a ras de suelo. Por ejemplo, con un plano inclinado podemos subir un tronco pesado cuesta arriba: la ladera o la cuesta nos servirán como plano inclinado, y el tronco, como objeto cilíndrico rodante. Y, para subir el tronco ladera arriba, utilizaremos un molinete que nos permita sujetarlo. Necesitaremos una cuerda lo bastante larga como para formar una W, con el centro enrollado alrededor de un árbol de la cima de la ladera y las dos V exteriores rodeando el tronco. Los cabos exteriores se utilizan en la cima para hacer rodar el tronco ladera arriba, con dos personas tirando al mismo tiempo.

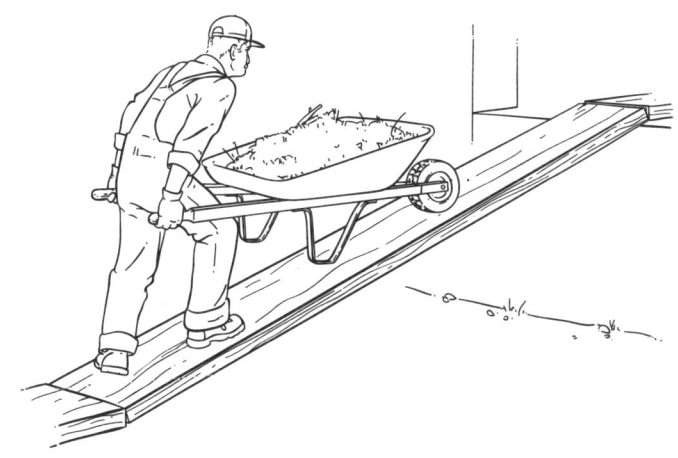

Plano inclinado

PALANCA Y PUNTO DE APOYO

Una **palanca** hecha de material robusto, como madera dura verde, nos puede servir para mover troncos y piedras grandes por el suelo, pero también nos ayuda a mover troncos por un plano inclinado. Al utilizar un punto de apoyo junto con una palanca, también podemos levantar troncos y otros objetos pesados.

TALADRO DE ARCO

El **taladro de arco** es una de las máquinas simples más antiguas que tenemos. Se usa como método primitivo para encender fuego y también puede utilizarse combinado con pedacitos de metal o piedras para hacer agujeros en otros objetos. Será necesario fabricarse un portabrocas cuando utilicemos este dispositivo para otro menester que no sea el de encender fuego (daré más información sobre esta máquina en el capítulo siguiente).

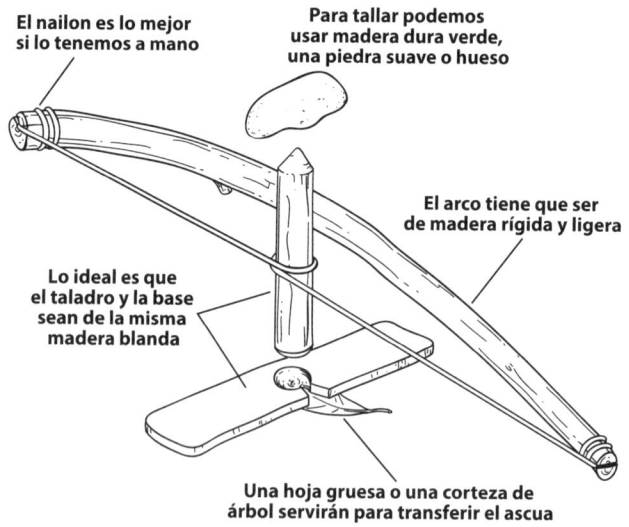

El nailon es lo mejor si lo tenemos a mano

Para tallar podemos usar madera dura verde, una piedra suave o hueso

El arco tiene que ser de madera rígida y ligera

Lo ideal es que el taladro y la base sean de la misma madera blanda

Una hoja gruesa o una corteza de árbol servirán para transferir el ascua

Taladro de arco

TRUCOS Y CONSEJOS

1. A la larga vamos a necesitar madera seca para construir herramientas y mangos, así que conviene recoger trozos de madera buena cuando la encontremos, para dejarla secar en el campamento.

2. La madera se seca y se agrieta más rápido cuando le quitamos la corteza. Esto puede ser una ventaja y una desventaja a la vez, según el proyecto al que vayamos a destinar la madera. Quizá queramos que se resquebraje para que sea más fácil de partir.

3. Siempre hay que conservar las virutas y el material sobrante de los trabajos que hagamos con la madera y guardarlos en un lugar seco, para que nos sirvan después como yesca para encender fuego.

4. Los cordajes robustos y resistentes son uno de los recursos más difíciles de conseguir de nuestro entorno natural, de modo que siempre son una prioridad en nuestro kit de supervivencia.

5. Cualquier herramienta de madera tiene que engrasarse para evitar que se seque con el tiempo, y para ello conviene usar grasa animal o aceite de abedul. Cuando tenemos una herramienta de madera recién fabricada, hay que engrasarla al menos una vez al día durante una semana, una vez a la semana durante un mes y una vez al mes durante un año.

— Capítulo 4 —

COMBUSTIÓN AVANZADA

«Atizar el fuego de una hoguera es un placer más auténtico que casi cualquier otra cosa en el mundo.»

CHARLES DUDLEY WARNER

El fuego es el recurso que muchos *bushcrafters* consideran como el segundo más importante, por detrás de una buena herramienta de corte. Es esencial para prevenir problemas de salud derivados del frío y para aportar confort en el campamento en entornos fríos. Además, el fuego también nos sirve para desinfectar agua, para cocinar y conservar alimentos, para preparar medicinas y para ahuyentar a los insectos. Probablemente hay un centenar de usos del fuego que pueden aportar algo a las cuatro categorías de nuestro kit de supervivencia (control de la temperatura, herramientas, confort y aseo personal). Encender fuego en caso de emergencia debería ser fácil para un *bushcrafter* con experiencia. Hoy en día hay un montón de artículos en el mercado, desde encendedores hasta bengalas de emergencia, que permiten el encendido de una llama en prácticamente cualquier situación.

ENCENDIDO PRIMITIVO

Como he mencionado al hablar de las diez C de la supervivencia, siempre tenemos que contar con al menos tres artículos para iniciar fuego:

1. Encendedor
2. Varilla de ferrocerio
3. Lupa (lente de aumento)

Más allá de estos métodos de emergencia para encender fuego, existen una serie de métodos primitivos que los hombres de monte han utilizado durante siglos. Lo que diferencia estos métodos es que siempre se usa un ascua para encender la yesca. Existen cinco métodos de encendido que todo buen *bushcrafter* debe saber manejar: llama abierta (encendedor), varilla de ferrocerio, lupa, pedernal y acero, y taladro de arco. Dominar estos cinco métodos de encendido nos garantiza estar bien preparados y cómodos en un entorno natural como el monte o un bosque. Las cerillas no están incluidas en esta lista porque no creo que aporten nada diferente a los primeros métodos que ya he mencionado, sobre todo teniendo en cuenta los problemas que pueden dificultar su uso, como la humedad, el viento y la pérdida de la motricidad fina cuando hace mucho frío. No obstante, conviene incluir las cerillas en nuestro kit para poder utilizarlas en combinación con cualquier otro método de encendido, por si acaso.

Los dos métodos de encendido primitivo que hay que saber manejar son:

1. El taladro de arco
2. El juego de pedernal y acero

Ambos métodos utilizan material de nuestro entorno y nuestra hoja de alto carbono. El taladro de arco podemos fabricarlo con nuestras herramientas de piedra o madera, pero, si tenemos un cuchillo, la tarea resultará mucho más sencilla. Hay gente que opina que para practicar una habilidad primitiva siempre hay que utilizar herramientas primitivas. La verdad es que, en la sociedad moderna, es fácil encontrar materiales metálicos y de cristal que podamos usar.

EL MÉTODO DEL TALADRO DE ARCO

Utilizaremos el taladro de arco para producir un **ascua**, que después depositaremos en un nido de pájaro que hayamos preparado previamente a partir de materiales combustibles. El ascua es un componente clave del taladro de arco, porque no vamos a poder encender fuego sin ella.

Para encender fuego necesitamos tres elementos fundamentales, lo que llamamos el **«triángulo de fuego»**: calor, oxígeno y combustible. Para producir el ascua, nuestro taladro debe aprovechar al máximo esos tres elementos. Los métodos de supervivencia son como procesos de fabricación en los que todas las variables afectan al resultado final. Es crucial asegurarnos de que suceden muchas cosas —y de que suceden en el orden adecuado— si queremos obtener el resultado deseado.

El taladro de arco tiene cuatro componentes:

1. Broca
2. Tabla de encendido
3. Mango
4. Arco

Si se usan correctamente, estos componentes funcionan como una máquina simple que hace saltar material y acumula un serrín fino que, a su vez, se calienta con la fricción de la broca, momento en el que el oxígeno circundante permite la ignición. Elegir los componentes adecuados, utilizarlos de forma correcta y saber qué cantidad de presión ejercer y a qué velocidad hacerlo son clave en este proceso. La única variación debe estar en los recursos que seleccionemos.

LA BROCA

La **broca** tiene que ser de madera blanda, una madera en la que podamos clavar las uñas y dejar marca. La de álamo, la de cedro, la de sauce y la de pino son buenas maderas que podemos utilizar en este caso. La broca debe tener un diámetro aproximado como el de nuestro pulgar y una longitud igual a la que va del dedo pulgar al dedo meñique. Como hay que tallar ambos extremos, si es un poco más larga, no pasa nada.

La broca debe ser lo más recta y redondeada posible. Si el trozo de madera con el que la vamos a hacer está torcido, lo cortaremos un poco con la ayuda del cuchillo para que nos quede recto. A continuación, prepararemos las dos puntas. Una de las puntas debe tener el aspecto de una de esas gomas de borrar que llevan los lápices: un poco redondeada pero plana. Esta punta es la que colocaremos en la tabla de encendido para generar fricción. Queremos que toda la fricción entre la broca y la tabla se concentre en un punto concreto. La otra punta de la broca debe tener el aspecto de la punta de un lápiz un poco gastado: puntiaguda, pero ligeramente roma. Hay que procurar que en la parte superior de la broca haya poca fricción, para poder mover el arco del taladro con facilidad.

Broca

LA TABLA DE ENCENDIDO

La **tabla de encendido** debe estar hecha de la misma madera blanda que la broca. Tiene que estar seca, pero en buen estado. Yo prefiero fabricarla con madera de tulípero, porque las ramas más bajas suelen colgar muertas del árbol y, salvo en caso de lluvia fuerte, pueden secarse en el suelo. La tabla debe tener la longitud de un antebrazo y el grosor del dedo pulgar. Conviene elegir una rama o un trozo de madera más grande de lo que necesitamos para poder partirlo y fabricar una tabla plana con las dimensiones especificadas. El paso más importante es construir la tabla con cuidado. Tenemos que hacer la hendidura correctamente para que pueda recoger bien el serrín y, a la vez, contar con el oxígeno suficiente para la ignición. Debemos practicar una pequeña hendidura en un punto de la tabla. El punto donde hacerla depende de si somos diestros o zurdos, ya que una parte de la tabla nos quedará debajo del pie cuando utilicemos el taladro de arco y, si la hendidura queda demasiado cerca del extremo, con la presión podríamos llegar a partir la tabla. Un buen punto de partida son 5 cm del extremo más cercano a nuestra mano dominante. La hendidura no tiene que ser muy profunda, pues solo tiene que servir para guiar la broca en el proceso de encendido.

EL MANGO

El **mango** es un componente fundamental del taladro de arco, pero probablemente sea el menos comprendido y el más complicado de hacer. Tenemos que fabricarlo con la madera más dura que tengamos a mano, por ejemplo, de nogal americano o de haya. Las maderas blandas se desgastan enseguida y hacen que la broca se desvíe un poco en su giro, un error común que se conoce como **desbaste**, que impide que el taladro funcione bien y que nos deja exhaustos de tanto intentarlo. Conviene elegir una rama de árbol joven de unos 8 cm de diámetro y cortar un trozo de entre 10 y 12 cm de longitud en el extremo más ancho. A continuación, hay que cortar un tercio de la rama con la ayuda del cuchillo.

Como se ha dicho, el mango es la pieza más difícil de fabricar y es la que lo controla todo. En general, cualquier material natural duro funcionará bien como mango, siempre y cuando podamos hacerle una hendidura. Rocas, huesos y astas pueden irnos muy bien.

Con el cuchillo haremos una pequeña incisión en el lado plano del mango, justo en medio. No tiene que ser muy grande, lo suficiente como para acomodar la punta superior de la broca. Si permite que la broca gire bien, será muy fácil utilizar el taladro de arco. Si tenemos problemas con el funcionamiento del taladro, lo primero que hay que comprobar es que el mango y la broca estén correctamente ajustados.

Mango

EL ARCO

El arco podemos fabricarlo con cualquier rama, y no es necesario que tenga una forma curva, como un arco de caza, pero sí que tiene que ser bastante rígido para no romperse con la presión. Debe medir, más o menos, 90 cm de largo y 1,50 cm de grosor. Cuanto más largo sea el arco, menos golpes necesitará para generar las revoluciones de la broca. Un error muy habitual es usar un arco de menos de 90 cm de largo.

Construir el arco es tan sencillo como atar una cuerda a una rama. Hay un montón de muescas y nudos complicados que podemos emplear para atar la cuerda, pero he descubierto que lo que mejor funciona es una horquilla simple en uno de los extremos, con un bucle y una muesca de 90 grados en el otro extremo para atarlo con un amarre recto y un nudo de ballestrinque. Hay que procurar que la cuerda no quede demasiado tirante para que no nos doble el arco en exceso, ni tampoco demasiado floja, porque entonces la broca no funcionará bien.

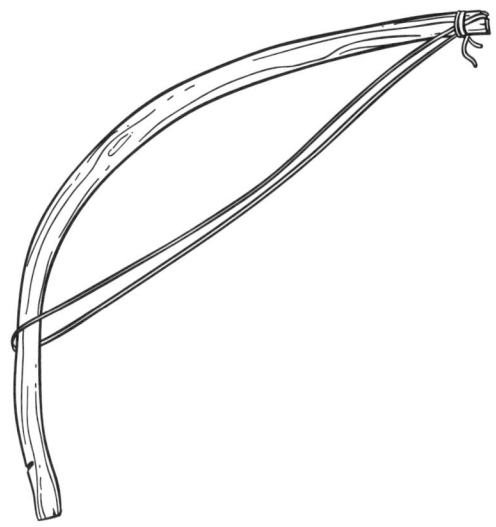

Arco

EL NIDO DE PÁJARO

El ascua que encenderemos con el taladro de arco la utilizaremos para encender un **nido de pájaro**, un elemento clave a la hora de encender fuego. El nido de pájaro lo confeccionaremos con materiales gruesos, medianos y finos. En realidad, casi todos los materiales que encontremos para construir la tabla y la broca también pueden servir para montar el nido de pájaro. La corteza interior del álamo o del sauce, o la corteza del cedro, funcionan bien. Son muchos los elementos que podemos añadir a un nido de pájaro: por ejemplo, agujas muertas de pino y materiales que contengan un acelerante natural o aceites altamente inflamables, como la corteza de abedul. Hay que procurar no abusar de la hierba y las hojas secas, porque arden enseguida y es importante que el nido de pájaro arda el tiempo suficiente para encender la hoguera.

Nido de pájaro

Procesado del material para el nido de pájaro

El **procesado** es la tarea de triturar la corteza para acumular una cantidad de material fino. Es la tarea más importante para construir un nido de pájaro. Hay que colocar algún recipiente para recoger los fragmentos de material e impedir que caigan al suelo. Si el material que recogemos está adherido al árbol, podemos utilizar el dorso del cuchillo para procesar las virutas. Si el material está húmedo, hay que procesarlo de inmediato y extenderlo sobre una superficie amplia para que se seque rápidamente. También podemos colocar el material procesado entre las capas de la ropa que llevamos puesta, en la parte central del cuerpo, para que se seque, o extenderlo sobre una lona oscura al sol. Cuando el material está seco, ya podemos darle la forma de nido de pájaro. Si nos encontramos con un nido de pájaro de verdad en el bosque, podemos aprovechar para echarle un vistazo y ver cómo está construido. Los pájaros, cuando construyen sus nidos, colocan el material más fino en el centro y van añadiendo, progresivamente, el material mediano y el más grueso, porque trabajan desde el interior hacia el exterior. De hecho, el mejor nido de pájaro para encender un fuego es un nido de pájaro de verdad abandonado. Si encontramos uno, y estamos seguros de que está abandonado, es buena idea recogerlo.

FUNCIONAMIENTO DEL TALADRO DE ARCO

Cuando todos los componentes de nuestro taladro de arco están listos, llega el momento de hacerlo funcionar. Primero colocaremos la broca sobre la hendidura de la tabla y adoptaremos la postura correcta: la muñeca tiene que quedar encajada en la espinilla para evitar que la broca se mueva de lado a lado. Debemos asegurarnos de que nada interfiera con el movimiento completo del arco. Nos inclinaremos hacia delante para aplicar una presión constante hacia abajo sobre la broca y la tabla. Nuestro pecho debe quedar situado encima de la rodilla. Empezaremos aplicando la presión suficiente para que el taladro se mantenga en la hendidura mientras rotamos lentamente la broca. En este punto es importante que el movimiento sea lento, porque es cuando la broca se encajará con la hendidura para cuando empecemos a generar el ascua. Si utilizamos todo el arco con movimientos constantes, la presión hacia abajo creará la fricción suficiente para empezar a quemar la madera. Cuando veamos que la madera alrededor de la broca se ha empezado a quemar y que todo funciona bien, pararemos, porque gastar demasiado material reducirá lo que tengamos para generar un ascua.

A continuación, tenemos que hacer una muesca desde el centro de la hendidura recién quemada hasta el borde de la tabla, y hay que hacerla correctamente para que pueda acumular el material para generar el ascua y, al mismo tiempo, suficiente oxígeno para la ignición.

La muesca siempre tiene que hacerse en la parte delantera de la tabla, de espaldas a nosotros, porque así podremos ver bien el proceso cuando hagamos funcionar el taladro. Procuraremos que la muesca no sea demasiado estrecha, porque entonces se atascaría y limitaría la cantidad de oxígeno que le llega al ascua. Además, también debemos procurar que la hendidura quemada del taladro no sea demasiado grande, porque el serrín tiene que quedar compacto y el oxígeno controlado. Una muesca adecuada sería una muesca en V, en la cual la parte inferior de la V tenga un tamaño aproximado de 1/8 parte de la hendidura ennegrecida. El ángulo de la V debe ser de entre 30 y 45 grados.

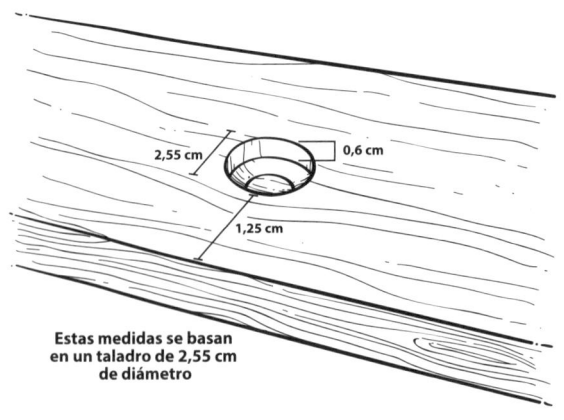

2,55 cm   0,6 cm

1,25 cm

Estas medidas se basan
en un taladro de 2,55 cm
de diámetro

Construcción del taladro de arco

GENERAR UN ASCUA

Ahora que ya hemos quemado el agujero con la broca y hemos hecho la muesca, tenemos que examinar con atención todos los componentes antes de proceder a generar un ascua. Cualquier problema que surja en este momento se complicará mucho más después.

1. Comprobaremos la tensión del arco y lo volveremos a tensar si es necesario.
2. Comprobaremos el mango para asegurarnos de que la hendidura no se hace demasiado profunda y que la broca no se salga de su sitio.

Tras estas comprobaciones, ya estamos preparados para encender fuego. Sin embargo, hay una pequeña tarea adicional que facilita mucho las cosas y que nos ayudará a salvar una buena ascua si el entorno está húmedo, y esa tarea no es otra que construir una **alfombrilla**, un lugar donde el ascua pueda reposar. Esta alfombrilla podemos hacerla con una lámina fina de corteza de árbol o de madera que sea el doble de ancha que la muesca. Esta pieza se coloca debajo de la tabla para atrapar el ascua.

Al principio hay que hacer funcionar el taladro despacio, para establecer y mantener un ritmo constante. El pecho tiene que quedar encima de la rodilla, de modo que podamos ver lo que va pasando en la hendidura. No hay que acelerarse, necesitamos aplicar golpes constantes y largos, que aprovechen toda la longitud del arco, a la vez que ejercemos presión hacia abajo. En este momento lo que queremos es extraer serrín de la tabla y de la broca, y que la hendidura se llene de polvillo marrón oscuro. Mucha gente comete el error de acelerarse demasiado, dando por hecho que la velocidad ayudará a crear el ascua antes, pero la realidad es que, si no hay serrín en la hendidura, no tenemos combustible con el que generar el ascua.

Después de un rato accionando el taladro, veremos que empieza a salir humo y que la hendidura se va llenado de material. Una vez que el material empiece a acumularse es cuando podemos aumentar la cadencia de los golpes con el arco el doble o el triple; llegados a este punto, solo deberíamos necesitar unos diez o doce golpes completos del arco para conseguir un ascua bien encendida. No hay que interrumpir el proceso para que no se nos apague el ascua, solo hay que reducir un poco la velocidad en el último par de golpes y detenernos en la misma posición en la que empezamos. Retiraremos la broca con cuidado y observaremos bien el ascua. Si parece que humea fuera del tablero, donde se ha acumulado el serrín, es probable que ya lo hayamos conseguido; pero no nos emocionemos demasiado, porque todavía nos quedan unos cinco minutos más de trabajo. Levantaremos ligeramente la tabla, formando un pequeño ángulo, y la golpearemos suavemente con la broca para desprender el material que se haya quedado atascado en la muesca. Si el ascua todavía humea, podemos darnos por satisfechos y relajarnos un par de minutos, porque significa que lo habremos conseguido.

ENCENDER EL NIDO DE PÁJARO CON EL ASCUA

Ahora llega el momento de la verdad. Siempre hay que aproximar el nido de pájaro al ascua, nunca al revés. Haremos los ajustes necesarios en el nido de pájaro para asegurarnos de que contiene suficiente material inflamable en su parte central. A continuación, acercaremos el nido hacia la alfombrilla, lo inclinaremos, cogeremos la alfombrilla y le daremos unos golpecitos suaves para que el ascua caiga en el nido. Con cuidado, cerraremos el nido y empezaremos a insuflarle oxígeno soplando muy suavemente. Si el ascua quema bien, podemos inclinar un poquito el nido para seguir soplando y aumentar el calor en el centro de este. Según el ascua vaya creciendo, empezará a salir humo de la parte trasera del nido, lo cual es la señal para que soplemos un poco más fuerte. A medida que el humo se vaya volviendo más denso, podemos aumentar el flujo de oxígeno hasta que veamos que prende una llama y, cuando el nido empiece a arder, le daremos la vuelta para que las llamas queden en la parte de abajo y el calor suba hacia el material que no se ha quemado. Finalmente, lo colocaremos entre la leña que habremos preparado antes ¡y ya tendremos una hoguera lista!

PEDERNAL

Conocer el **método del pedernal y el acero** es importante por la misma razón que lo es conocer el método del taladro de arco: por si se da el caso de que, por alguna emergencia, perdamos la mayor parte de nuestra equipación. Mientras no perdamos nuestro cuchillo de acero de alto carbono, que es nuestra herramienta de corte principal, en casi todas las regiones siempre encontraremos una roca que, junto con el cuchillo, nos permitirá utilizar este método de ignición. Puede que nos cueste un poco encontrar una roca idónea para esta tarea, pero, por lo general, cualquier roca de pedernal, sílex o cuarzo nos servirá si podemos romperla o encontrar una pieza más o menos afilada.

Para este método tenemos que arrancar diminutas partículas de hierro del dorso del cuchillo golpeándolo con una roca. Estas partículas entrarán en combustión con la fricción y el oxígeno, a 425 grados centígrados. ¿Por qué es importante esto? Recordemos que, si necesitamos hacer fuego con un taladro de arco es porque hemos perdido la mayor parte de nuestro material. Siempre que sea posible, lo preferible es evitar tener que hacer dos fuegos con un taladro de arco, así que conviene acumular material carbonizado en cuanto hayamos podido encender el primer fuego.

MATERIAL PARA EL ENCENDIDO DE PEDERNAL

La mejor forma de asegurarnos una forma fácil de hacer fuego cuando ya hemos utilizado el taladro de arco es contar con material carbonizado para la próxima vez que tengamos que encender fuego. Algunos hongos, como el chaga, son ideales para captar las chispas del pedernal sin tener que carbonizarlos primero. También podemos aprovechar el polvillo de algunos hongos yesqueros (*Fomes fomentarius*), que también captan muy bien las chispas del pedernal. Para ello, amontonaremos un poco de polvillo que habremos conseguido rascando el hongo con el dorso del cuchillo y, cuando la chispa lo encienda, dejaremos que se convierta en un ascua. Sin embargo, hay algunos hongos yesqueros que pueden prenderse dentro de una pieza más grande, por lo que no es necesario recurrir al polvo. En ambos casos hay que utilizar el material suave del interior, no el exterior, que es más duro.

Una alternativa es el material carbonizado, que va incluso mejor para prender la chispa para la ignición. Podemos hacerlo con muchos elementos de los que se encuentran en el entorno, como madera podrida o la médula interna de algunas plantas. También podemos utilizar prendas de nuestra equipación que sean 100 % algodón.

Carbonizar

La forma más fácil de carbonizar es colocar el material que vayamos a trabajar en una cámara metálica donde podemos exponerlo a altas temperaturas a la vez que le limitamos el oxígeno. En esta cámara, los gases pueden salir mientras el material se va calentando dentro. Una botella de acero inoxidable y su taza funcionarán bien, y en caso de emergencia podemos recurrir a una lata vieja y una roca plana que sirva de tapa. Las brasas son mejores que la llama directa, pero ambas funcionan. Cuando el material se calienta, empieza a salir humo —que en realidad es gas— de la cámara por las rendijas que no estén bien cerradas. Está bien así, siempre que no entre oxígeno en la cámara. Cuando deje de salir humo, es señal de que el material ya se ha carbonizado. Es muy importante dejar enfriar la cámara antes de abrirla, porque si el oxígeno entra en contacto con el material caliente, puede arder.

Preparar material carbonizado tiene muchas ventajas. El material carbonizado es altamente inflamable, así que incorporarlo al nido de pájaro nos asegura una fuente de ignición duradera. De hecho, el material carbonizado puede prenderse con cualquier chispa, ya sea de un encendedor viejo, de una varilla de ferrocerio o de una lupa. Dada la variedad de métodos de ignición que admite, el material carbonizado es un elemento clave que debe formar parte de nuestro kit de supervivencia.

Cuando la cámara se ha enfriado, la abriremos e inspeccionaremos el material carbonizado. Si se ve negro y frágil, lo más probable es que ya esté a punto. Si se ve marrón, cerraremos la cámara de nuevo y volveremos a ponerla al fuego. También podemos probar una pequeña cantidad de este material y ver si responde a las chispas. Muchos *bushcrafters* llevan un recipiente específico, como una caja metálica de pastillas mentoladas o una lata vieja de betún, para carbonizar y para guardar el material carbonizado. Para hacer la prueba, podemos probar a lanzar chispas sobre la lata, porque así tenemos más superficie para atraparlas y generar un ascua. Cuando ya tenemos el ascua, la colocaremos en el nido de pájaro igual que se ha explicado con el método del taladro de arco.

COMBUSTIÓN SOLAR

Usar una **lupa** para generar un ascua tiene una gran ventaja. Como el sol es un recurso renovable, cuando la usemos no estaremos gastando nada de nuestro kit de supervivencia. Todos los materiales para crear un ascua los podemos conseguir de nuestro entorno y no son difíciles de utilizar. Una lupa puede prender cualquier material carbonizado o cualquier especie de hongo de los que he mencionado anteriormente, que para este método podemos utilizar crudos, recién arrancados del árbol. El hongo pezuña de caballo funciona mejor en polvo, pero genera una buena ascua en muy poco tiempo. También podemos crear un ascua comprimiendo materiales naturales, como plumas de espadaña o corteza de álamo, en una bola pequeña y, a continuación, utilizar la lupa para prender el material y crear un ascua.

SOBRE LAS CERILLAS

Desde hace más de ciento cincuenta años las cerillas son el recurso más utilizado para encender fuego, pero en realidad nosotros solo debemos usarlas como recurso adicional a las tres fuentes de ignición principales: el mechero, la varilla de ferrocerio y la lupa. Las cerillas son extremadamente sensibles al clima y a la humedad, y tampoco podemos llevar muchas. Necesitaríamos varias cajas de cerillas para igualar la potencia de la llama abierta y la durabilidad de un encendedor BIC. La única ventaja de las cerillas es la poca cantidad de yesca que necesita una cerilla de madera, pero esto es inapreciable en una hoguera en condiciones. En muchas academias se sigue enseñando a la gente a prender fuego con cerillas, pero, en mi opinión, este método no aporta nada a la verdadera supervivencia a largo plazo en la naturaleza.

La mayoría de especies de madera blanda pueden rasparse con el dorso del cuchillo para obtener virutas finas para la ignición, que podemos encender con una llama o una varilla de ferrocerio. La corteza interior y la corteza exterior del cedro, el álamo, la uva de monte o la madreselva permiten confeccionar un buen nido de pájaro si están secas. La madera resinosa es la mejor para hacer fuego, incluso en condiciones de humedad. Las virutas y los raspados finos de madera resinosa se encienden con facilidad y arden el tiempo suficiente para atrapar la yesca marginal. La corteza de abedul, que contiene aceites volátiles, también es muy inflamable con una llama abierta, pero podemos procesarla para aumentar su superficie y utilizarla con una varilla de ferrocerio. Un antiguo método sami para encender fuego consiste en enrollar yesca en un tubo hecho de corteza de abedul y colocar un ascua en un extremo del tubo y soplar suavemente. Así se protege la brasa y el calor puede subir a través de la yesca y la corteza de abedul. También añade combustible para que el fuego dure más tiempo una vez encendido.

TRUCOS Y CONSEJOS

1. Hay que recordar que el taladro de arco es una máquina; cuanto más largo sea el arco, menos golpes necesitaremos dar para conseguir revoluciones en la broca, y, cuanto más pequeña sea la broca, más revoluciones generará el arco por cada golpe. Es un método que requiere cierta experiencia y depende mucho de la propia técnica y la constitución física de cada persona, pero un buen punto de partida suele ser una broca del tamaño del dedo pulgar y un arco de 90 cm.

2. Siempre hay que estar atento por si encontramos rocas lo suficientemente duras como para generar chispas con la ayuda de una herramienta de alto carbono. Es buena idea recoger las que encontremos por el camino y probarlas. Si funcionan, las guardamos en nuestro kit; si no funcionan, las dejamos. El sílex y el pedernal brillan un poco cuando se humedecen, y pueden ser de color blanco, gris, rosado y rojo suave; el cuarzo siempre es una apuesta segura.

3. Hay que recoger fuentes de yesca siempre que tengamos ocasión, incluso en los desplazamientos cortos. Buscaremos material fibroso y cortezas. Las enredaderas de madreselva desprenden finas capas de corteza todo el año.

4. Las plantas muertas, sobre todo la vara de oro, tienen flores inflamables y tallos huecos. Son una excelente fuente de yesca y suelen crecer en grandes arboledas en campo abierto.

5. El resto de una vela usada siempre será un buen recurso de emergencia para encender fuego. Solo hay que encender la vela con la primera llama abierta y apartarla hasta que el fuego se vuelva sostenible. Si necesitamos una llama abierta más larga para materiales marginales, esto nos permitirá ahorrar el preciado combustible del encendedor. Es mucho más fácil hacer una vela que un encendedor nuevo.

— Capítulo 5 —

EL REFUGIO

«*El refugio proporciona un microambiente que suplementa la ropa inadecuada o permite desprendernos de las capas más incómodas, sobre todo cuando queremos dejar de movernos o dormir cuando hace frío. El refugio también potencia el efecto de una hoguera caliente.*»

MORS KOCHANSKI

Al planificar la construcción de un refugio hay que tener en cuenta tanto la opción de una estancia a largo plazo como la de una a corto. Incluso si nuestra intención es construir un campamento base con un refugio permanente, puede que necesitemos viajar y pasar un par de noches fuera para cazar, trampear o pescar; por esta razón, nuestro kit de supervivencia debe incluir un equipo que nos permita desplazarnos de la cabaña a los bosques con un puñado de suministros y que sea útil en cualquier situación. La base de este equipo la forman los siguientes elementos:

- Un *tarp* impermeable (de hule de algodón egipcio, que va muy bien)
- Una manta de lana
- Una sábana de lienzo (como el lienzo de pintura) si queremos construirnos una cama elevada

LOS CUATRO ELEMENTOS

Como ya expliqué en el libro *El ABC del bushcraft*, hay cuatro elementos clave que debemos tener en cuenta cuando buscamos un sitio donde construir nuestro refugio:

- Viento
- Agua
- Madera
- Árboles muertos

VIENTO

La dirección del viento afecta a nuestra capacidad de mantener una hoguera encendida y controlada, y también a la forma de calentar nuestro refugio. Debemos buscar un paraje elevado, donde el viento esté presente, pero no sea demasiado fuerte.

AGUA

Conviene buscar un lugar, como la orilla de un riachuelo, para poder tener agua cerca del campamento.

MADERA

Vamos a necesitar un montón de madera para la hoguera, para construir el refugio y para fabricarnos otros recursos. Un árbol grande caído es una buena fuente de leña, y árboles como el pino nos ofrecen un suministro de madera constante.

ÁRBOLES MUERTOS

Debemos examinar los árboles que tenemos alrededor —sobre todo si son grandes— con mucha atención y ver si tienen ramas muertas que puedan suponer un peligro para nuestra integridad física y la del campamento.

ESTABLECER UN CAMPO BASE

Montar un campo base nos ahorra tener que cargar todo el rato con todos nuestros suministros. No obstante, construir un refugio más permanente es una tarea ardua y nos llevará un par de días de trabajo, o incluso una semana si estamos solos y no tenemos quien nos eche una mano. Teniendo esto en cuenta, lo primero que debemos hacer cuando llegamos al lugar donde vamos a construir nuestro refugio permanente es montar un refugio temporal donde dormir hasta que el permanente esté terminado. Es muy importante recordar que el refugio permanente debe estar terminado antes de que las inclemencias meteorológicas lo exijan.

Para el refugio permanente podemos construir una versión ampliada del refugio temporal con materiales naturales, o podemos cargar con un refugio de lona en el kit de supervivencia. Sea cual sea la opción que escojamos, debe contar con al menos tres lados para protegernos de las inclemencias del tiempo y también con una hoguera grande o una estufa de leña portátil que sea, como mínimo, tan alta como la inclinación o el techo del refugio. En climas fríos, es imprescindible contar con una cama elevada, pero, si el clima es templado, nos bastará con una hamaca. A continuación, vamos a ver las distintas configuraciones que podemos emplear para un campamento itinerante y un campamento de trabajo, y, finalmente, los métodos para construir un refugio permanente.

CAMPAMENTOS ITINERANTES

En el libro *El ABC del bushcraft* expliqué las configuraciones de *tarps* más comunes. En esta ocasión descubriremos algunos artículos sencillos e improvisados para acampar que harán que el *tarp* y otros refugios temporales sean aún más cómodos.

TIENDAS

Hay varios tipos de tiendas y yurtas de lona que se transportan fácilmente, siempre y cuando contemos con un medio de transporte. Es importante recordar que las lonas grandes son difíciles de calentar, así que, si vamos a montar un refugio de temporada, hay que escoger una lona más pequeña. La decisión sobre qué tipo de refugio de lona vamos a utilizar dependerá en gran medida del entorno en el que nos encontremos. Las **tiendas abiertas**, como la carpa Whelen, ofrecen cobertura por tres lados y pueden utilizarse con una hamaca. Para climas más fríos recomiendo un tipo de refugio que pueda albergar una estufa, como una pequeña carpa de pared.

Las **tiendas de pared** pueden ser muy cómodas y ofrecen muy buena protección ante las inclemencias del tiempo, sobre todo si instalamos una estufa en ellas. Muchos de los mineros de la fiebre del oro vivían en tiendas de campaña sobre plataformas elevadas. Estas estructuras temporales eran lo bastante grandes para albergar incluso algunos muebles, como una silla y una mesa pequeñas. Dentro cabe una hamaca, un colchón o incluso una cama elevada. La mayor ventaja de una tienda de campaña de este tipo es que ofrece cobertura por los cuatro lados, lo cual hace que funcione como una cabaña de lona. Una tienda de pared de 2,5 × 3 m ofrece mucho espacio para una persona. Puede utilizarse temporalmente con las mismas comodidades de un refugio permanente, como la luz y la cama.

MÉTODOS DE ANCLAJE

No importa qué tipo de refugio temporal vayamos a usar, siempre tendremos que atarlo o clavarlo al suelo para asegurarlo. Existen varios métodos para anclar nuestro refugio y asegurarlo, y todos ellos dependen de los materiales empleados en su fabricación y de las condiciones medioambientales en las que hemos montado nuestro refugio. Recomiendo evitar los ojales; parecen ser el eslabón más débil en cualquier tipo de refugio, sea del material que sea, ya que suelen debilitar el tejido que los rodea. En lugar de ojales, siempre que sea posible optaremos por los bucles cosidos como forma de sujeción. Si solo tenemos una lona sin ningún recurso para sujetarla, colocaremos un cazonete en las esquinas, doblaremos cada esquina por encima de su cazonete respectivo y la sujetaremos con un nudo de bloqueo.

Un cazonete nos puede servir para sujetar la tienda de campaña

También podemos utilizar una piedra o incluso un fajo de hojas muertas para formar con ellas una especie de bola en la zona que necesitamos amarrar, y después hacer un nudo de bloqueo. Esto es un amarre de bucle. Antiguamente, para hacer este tipo de configuración se utilizaban balas de mosquetes.

Amarre de bucle

Todas las líneas de amarre de nuestro refugio deben tener una tensión ajustable para que podamos tensarlas o aflojarlas cuando sea necesario. Esto facilita el montaje y el desmontaje del refugio. Para hacerlo, utilizaremos trozos de madera planos con un orificio taladrado en cada extremo que sea lo bastante grande como para poder pasar la línea de amarre a través de él. A continuación, pasaremos la línea de amarre por este cazonete, un extremo en cada orificio, y la anudaremos. Si optamos por bucles para sujetar la tienda al suelo con piquetas, hay que pasar la línea de amarre a través del bucle antes de anudarlo a un extremo del cazonete; después podemos pasarlo por la piqueta y ajustar la tensión. Otra forma de hacer esto es utilizar un nudo de trailero estándar con un bucle tensor en la línea de amarre. También podemos usar un nudo de barril (también llamado nudo franciscano), que se tensa cuando le aplicamos presión.

Otra opción es plantar el refugio en el suelo. De este modo estaremos creando un microclima en el que el viento y la meteorología apenas tendrán incidencia. Una lona suelta y ruidosa a merced del viento toda la noche puede ser una molestia considerable. Al montar el refugio, procuraremos que todas las líneas de amarre estén bien tensas y aseguradas, para que puedan soportar todas las inclemencias del tiempo. Las piquetas hechas de madera van bien para los campamentos de estancias largas, porque la madera se hincha con la humedad, lo cual hace que se asiente mejor en la tierra. La longitud de la piqueta depende de las condiciones del terreno: usaremos piquetas largas para terrenos húmedos y cortas para los secos. Si el terreno es muy duro, es probable que tengamos que utilizar piquetas metálicas. En estos casos recomiendo fabricar piquetas con una barra de acero de 9,5 mm, y darles una curvatura de 5 cm y 120 grados en la parte superior. Si estas piquetas no nos van bien, podemos improvisar con cosas como troncos, rocas o bolsas llenas de algo pesado, como piedras o tierra. Si el terreno es muy blando, puede que tengamos que clavar dos piquetas encadenadas para asegurar bien la tienda por si hace mucho viento.

Incorrecto   **Correcto**

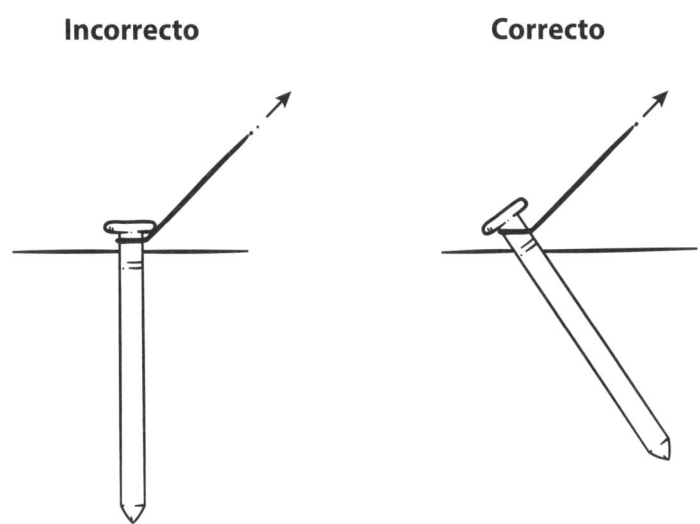

Ángulo para clavar las piquetas

REFUGIOS PERMANENTES

El refugio permanente ideal siempre depende del entorno en el que nos hallemos, de los cambios estacionales, de los recursos disponibles, de la equipación que tengamos a mano y del nivel de habilidad del usuario. En este apartado explicaré algunos diseños sencillos que no requieren mucha destreza técnica. En mi experiencia, todo refugio que sea demasiado difícil o complicado de construir debe ser descartado de entrada.

CUEVAS

Mucho antes de que el ser humano empezara a construirse sus propios refugios, adoptó elementos ya existentes en la naturaleza para convertirlos en su morada, igual que hacen los animales. Hoy en día la naturaleza nos sigue ofreciendo cuevas y grutas, y, aunque convertirlas en un lugar confortable lleva trabajo, pueden ser una muy buena opción si se da la situación. De hecho, todavía hay millones de personas en el mundo que tienen su hogar en cuevas.

DESVENTAJAS DE LAS CUEVAS

Es muy importante tener presentes los peligros que conllevan los refugios naturales.

Una cueva húmeda puede ser un muy mal sitio para dormir. Si estamos en una zona con una humedad elevada o con mucha precipitación acumulada anual, las cuevas nunca son la mejor opción. La humedad de la cueva conlleva varios peligros, incluido el crecimiento de bacterias, moho, mal estado de las rocas que forman la cueva y sensación de frío la mayor parte del tiempo. Además, en una cueva también puede haber insectos y otros animales, como murciélagos, gatos salvajes u osos.

Si vamos a utilizar una cueva como refugio permanente, habrá que inspeccionarla bien primero, en busca de señales de animales que puedan vivir en ella: heces, huesos y olor a orina. Las rocas que se desprenden también pueden ser un peligro, así que convendrá hacer una buena inspección visual con una fuente de luz y comprobar el estado del techo y de las paredes: buscaremos fisuras o grietas que puedan deberse al calor de un incendio. Hay que valorar la altura del techo: cuanto más bajo sea, más afectará el fuego a la integridad de la estructura de la cueva. Las cuevas con techos altos también ofrecen una mejor ventilación.

REFUGIOS EN PLATAFORMAS ELEVADAS

Un refugio en una plataforma elevada se puede construir uniendo piezas de madera con amarres simples y travesaños para crear la plataforma. Siempre hay que tener muy presente que, cuanto más complejo sea el refugio, más recursos y herramientas vamos a necesitar para construirlo. La plataforma debe elevarse al menos entre 1 m y 1,5 m del suelo, si bien esto depende de factores como la fauna salvaje de la zona, los recursos y el entorno. La plataforma tiene que medir al menos 60 cm más de ancho que el refugio que va a sostener y 1,80 m más de largo como mínimo para dejar espacio a las zonas de trabajo. La cubierta o la construcción misma del refugio puede basarse en un diseño simple en forma de arco o ser una estructura cuadrada. El diseño más fácil de construir y mantener es el que tiene forma de arco, y es el que mejor canaliza el agua.

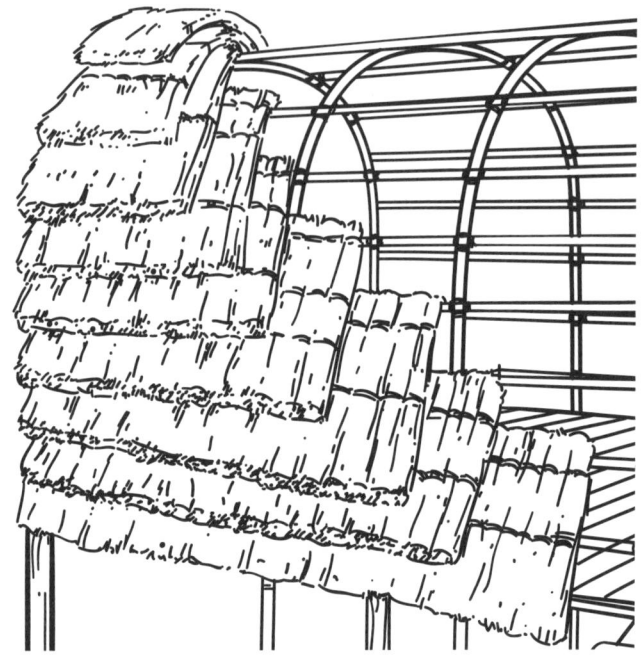

Diseño en arco de un refugio

CABAÑAS DE TRONCOS

En cuanto a diseño, construir una pequeña cabaña de troncos con un tejado a una sola agua es bastante sencillo. Sin embargo, es una tarea que requiere bastante esfuerzo y una gran cantidad de madera. Una cabaña de un tamaño de 2,5 × 3 m ya es adecuada para una sola persona. Todo lo que sea más grande que esto va a ser más difícil de calentar. Para construirla necesitaremos troncos de al menos 20-25 cm de diámetro, y la medida de la cabaña dictaminará la cantidad de troncos que hará falta para construirla.

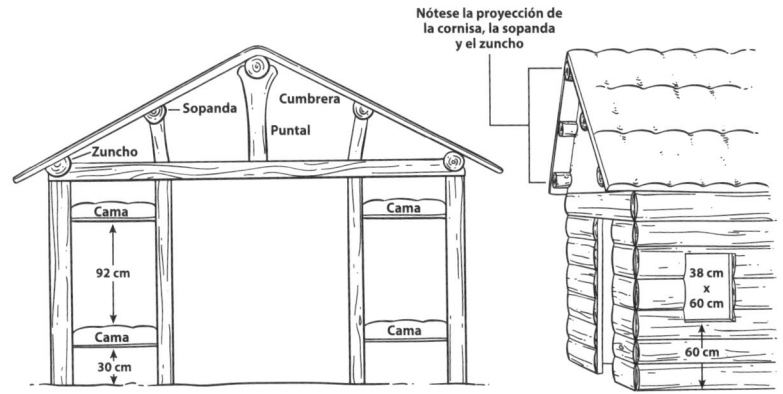

Diseño básico de una cabaña de troncos

CONSTRUCCIONES DE TIERRA

Los refugios construidos con tierra son una buena opción cuando contamos con los recursos necesarios. Los refugios de madera también pueden cubrirse con tierra para lograr un mejor aislamiento en los entornos más fríos.

TEPE

Llamamos tepe a pedazos de tierra cubiertos de césped trabados con plantas y raíces; es un buen material para cubrir nuestro refugio porque, con el tiempo, siguen creciendo plantas en él, lo cual aumenta su capacidad de impermeabilidad y aislamiento. Lo podemos cortar del largo y ancho que deseemos, pero el grosor siempre debe ser de al menos unos 10 cm. Si vamos a utilizarlos para techar nuestro refugio, deberemos asegurarnos antes de que la estructura de apoyo es capaz de aguantar el peso de este tipo de cobertura. Conviene usar tepe que esté más o menos limpio, que no contenga árboles pequeños ni matorrales, porque sus raíces podrían interferir con el resto de la estructura.

CEMENTOS NATURALES

El cemento natural es un material que se ha utilizado a lo largo de milenios para construir muchas cosas, desde estructuras de refugios hasta chimeneas, hornos y espacios de almacenamiento. Incluso podemos utilizar cemento natural para construir ladrillos. Para hacer cemento natural se necesitan los siguientes elementos:

- Tierra arcillosa (si un suelo mojado tiene un tacto suave y resbaladizo, es muy probable que tenga un alto contenido en arcilla)
- Hierbas y fibras más largas que puedan servir para reforzar la mezcla
- Agua
- Un cubo o recipiente donde preparar la mezcla

Para empezar a preparar el cemento, llenaremos de tierra arcillosa el cubo entero. También vamos a necesitar una buena brazada de hierba seca u otro material vegetal fibroso que mida entre 15 y 30 cm de longitud. Las plantas secas y largas funcionan mucho mejor que la hierba fresca para preparar este cemento.

A continuación, mezclamos la tierra con un poco de agua hasta obtener una mezcla blanda que no sea muy líquida. Si vamos a utilizar este preparado como mortero o para tapar grietas, habrá que diluirlo un poco más. Podemos hacer la mezcla en el cubo, pero, según mi experiencia, un *tarp* va muy bien para trabajar esta parte del proceso. Primero extenderemos el *tarp*, colocaremos las hierbas bien repartidas sobre su superficie y, a continuación, verteremos la tierra arcillosa encima. La forma más efectiva de mezclarlo todo es hacerlo con los pies descalzos. Una vez hecha la mezcla, podemos doblar el *tarp* para cubrirla y caminar por encima, o simplemente amasarla con las manos para asegurarnos de que las plantas están bien integradas en el preparado.

Cuando el cemento ya está listo, hay que utilizarlo de inmediato para construir la estructura del refugio o como mortero; si queremos guardarlo para después, podemos utilizarlo para moldear ladrillos.

Para moldear ladrillos podemos utilizar el cemento natural que acabamos de preparar y darle forma con la ayuda de unos trozos de madera que funcionen como moldes. Vamos a necesitar varios de estos moldes para poder fabricar varios ladrillos a la vez. Colocaremos el cemento en el molde y usaremos otro trozo de madera para nivelar y alisar la superficie del ladrillo. Cuando los tengamos preparados, dejaremos secar los ladrillos al sol varios días y se encogerán un poco, lo cual facilitará mucho la labor de extraerlos de los moldes. También podemos cocerlos, igual que se cuecen las piezas de arcilla, pero entonces el material aglutinante utilizado tiene que ser más específico, como pelusa de espadaña o conchas trituradas.

COMODIDADES

No importa el tamaño del campamento base ni el tiempo que vayamos a utilizarlo, existen una serie de comodidades con las que deberíamos contar por motivos prácticos y de confort.

ILUMINACIÓN

Hay que idear formas de iluminación con las que podamos contar cuando el fuego de la hoguera se apague o antes de encenderlo. Los frontales están bien para una salida corta, siempre y cuando contemos con pilas de recambio; pero para salidas y estancias largas en el campo, lo más práctico son las velas. Además de darnos luz, una vela nos ofrece una llama abierta que nos puede ayudar en caso de emergencia e incluso nos permite encender un fuego ya entrada la noche. Las velas de cera de abeja también podemos derretirlas y utilizarlas para otros menesteres, ya que nos sirven de lubricante y para pulir madera. Incluso podemos frotar con ella las herramientas de corte de nuestro kit para impedir que se oxiden.

Podemos fabricar un **farolillo** sencillo con una lata vacía, que protegerá la vela del viento para que no se apague. Si hemos cazado algún animal durante el día, también podemos utilizar su grasa para hacer lámparas de aceite. Cualquier recipiente cóncavo, desde una concha hasta un trozo de madera hueca, nos servirá para construir una lámpara. Todo lo que vamos a necesitar es una mecha, que puede ser de cuerda de algodón o cuerda natural, pero también podemos utilizar una bola de pelusa de espadaña o corteza de cedro comprimida para hacer una mecha rápida temporal.

Para fabricar **velas**, sumergiremos una mecha de cuerda natural en un recipiente con sebo derretido y la dejaremos enfriar, para luego volver a sumergirla y volver a dejarla enfriar, así su grosor irá aumentando poco a poco. La diferencia entre el sebo y el lardo es que el sebo se endurece a temperatura ambiente y el lardo se mantiene blando. Para fabricar antorchas de una manera fácil, no hay más que sumergir en grasa las puntas de plantas muertas y dejarlas secar después.

JABÓN

Muchas plantas contienen **saponinas** naturales, sustancias químicas que se generan por el proceso de saponificación cuando se fabrica jabón. Esta sustancia se encuentra de forma natural en muchas plantas y produce una agradable espuma que puede utilizarse como jabón natural. En los bosques del este de Estados Unidos, la planta más idónea para fabricar jabón natural es el helecho, ya que su raíz es muy rica en saponinas. La yuca es otra planta del continente americano que va muy bien para fabricar jabón.

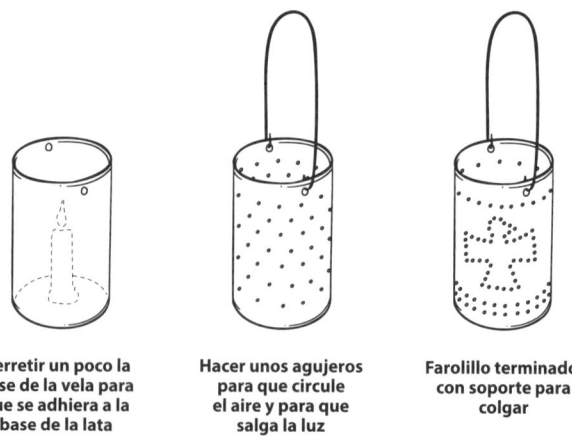

| Derretir un poco la base de la vela para que se adhiera a la base de la lata | Hacer unos agujeros para que circule el aire y para que salga la luz | Farolillo terminado, con soporte para colgar |

Farolillo básico, fabricado a partir de una lata vacía

LETRINA

En las salidas cortas, cuando uno debe hacer sus necesidades, solo tiene que alejarse un poco del refugio y cavar un pequeño hoyo que sirva de letrina. Sin embargo, cuando una salida dura más de un par de días, vamos a necesitar algo más sofisticado, como una **letrina de pozo**. Esta deberá estar situada a una distancia práctica del campamento y bien lejos de cualquier punto por donde circule el agua. Por lo general, una letrina de pozo tiene que ser lo más profunda posible, pero debe situarse a una altura mínima de 1 m por encima del nivel freático. Encontrar un lugar tan por encima del nivel freático puede ser muy complicado según la ubicación y la elevación del campamento. Si hay que elegir entre tener que caminar un poco más para ir al baño y la posible contaminación de las aguas subterráneas, hagámonos un buen favor y caminemos un poquito más colina arriba. Una buena práctica para las letrinas de pozo silvestres es echarles ceniza de la hoguera a diario: esto enmascarará el hedor, descompondrá la materia fecal y ahuyentará plagas como las moscas. Cuando el hoyo de la letrina esté prácticamente lleno, a unos 30 cm del borde, hay que cubrirla bien con escombros y taparla, y seguidamente cavar otra letrina en un lugar diferente. El de la letrina es un tema que considerar muy seriamente desde el minuto cero cuando vayamos a elegir un lugar donde acampar.

CUERDAS DE TENDER

Tener **cuerdas atadas** a una altura considerable va muy bien para mantener la ropa alejada del suelo, poder colgar farolillos o una bolsa con cosas que podamos necesitar por la noche. Las cuerdas de tender siempre van bien para airear la cobertura que usamos para dormir y la ropa del día, así como prendas mojadas. También para colgar la manta de lana y sacudirla para limpiarla de polvo, células muertas y bichos.

CÓMO DORMIR

El material para dormir puede tener un gran impacto en el peso de nuestro kit de supervivencia: una lona y un par de mantas suman fácilmente 9 kg al kit. Aun así, dormir bien al menos unas seis horas es uno de los aspectos más importantes para el confort y la supervivencia en salidas largas. En mi caso, el material para dormir representa dos terceras partes del peso de mi kit de supervivencia. Los elementos enumerados a continuación son esenciales para dormir bien en un refugio temporal o permanente:

- Manta de lana (una o dos)
- Material para construir una cama elevada
- Lona
- Aguja de coser grande y robusta, apta para lonas
- Cordino encerado
- Saco de dormir de material sintético en caso de no poder regresar al campamento un par de noches.

CÓMO FABRICAR UN COLCHÓN

A la hora de dormir, un **colchón** es la mejor arma contra la temperatura del suelo. Podemos fabricar un sencillo colchón con lona gruesa o con una manta: primero doblaremos la lona a lo ancho (no a lo largo); no pasa nada si no nos cubre los pies, lo importante es que la cama sea lo suficientemente ancha como para poder darnos la vuelta sin caernos de ella. Acto seguido enhebraremos una aguja gruesa con cordino del n.º 36 y daremos unas puntadas para coser los dos extremos laterales de la tela de lienzo que tenemos doblada. Las puntadas no tienen que ser perfectas, con que midan entre 2,5 y 5 cm ya es suficiente. Coser ambos lados de la tela de lienzo no debería llevarnos más de quince minutos.

A continuación, rellenaremos el colchón con hojas y hierba. Esta es la labor que más tiempo requiere. Rellenaremos el colchón con este material y comprimiremos bien el material para que quepan más hojas y más hierba, y volveremos a comprimirlo para añadir todavía más hojas y más hierba. Todo este proceso puede llevarnos una hora. Cuando tengamos el colchón bien relleno, con un grosor aproximado de unos 10 cm, cerraremos el último lateral con unas cuantas puntadas.

PREPARAR LA CAMA

Doblamos el *tarp* y lo colocamos sobre el suelo, para que actúe como barrera de aislamiento entre el suelo y el colchón que hemos fabricado. La manta de lana nos mantendrá calientes mientras durmamos. Conviene llevar algún tipo de bolsa —incluso un macuto— que podamos vaciar de noche y rellenarlo de ropa sobrante para que nos sirva como almohada. Una almohada es una comodidad tremenda que muchas veces pasamos por alto.

HAMACAS

Las hamacas son una buena opción, pero deben ir acompañadas de un *underquilt* o *underblanket,* una especie de colcha de material aislante que ayuda a contrarrestar la convección asociada a los climas fríos. Una forma casera de solucionar estos problemas es colocar una esterilla gruesa en la hamaca y, encima de la esterilla, una tela aislante térmica. Después se coloca el saco de dormir o las mantas sobre la tela aislante térmica. Una marca de aislante térmico recomendable que se usa en el hogar es Reflectix, que puede comprarse en algunas tiendas y en línea. Tiene un ancho de 0,5 m y 1 m, y básicamente es como una envoltura de burbujas con cubierta de Mylar. Otra opción es usar un *underquilt* que atrape el aire caliente entre la colcha y la hamaca.

TRUCOS Y CONSEJOS

1. Hay muy buenos materiales sintéticos modernos que podemos emplear como saco de dormir. Solo hay que tener en cuenta que su durabilidad no es muy larga y que son más vulnerables a

algunos incidentes, como las chispas que pueden saltar de una hoguera.

2. La lona, si no se trata, queda expuesta al moho. Conviene tratarla con algún agente protector antes de utilizarla. También es muy sensible a los rayos UV en altitudes superiores a 900 m, por lo que habrá que tratarla antes de su uso o comprar lona Sunforger, que es la mejor opción para un refugio de estancias largas.

3. Casi todas las reses tienen sebo, mientras que los cerdos tienen lardo.

4. En los terrenos duros o rocosos donde no se pueden clavar estacas, podemos sustituirlas por troncos largos o rocas grandes.

5. Siempre hay que recordar que cualquier aislamiento fabricado con material natural para evitar la convección debe tener un grosor mínimo de 10 cm al comprimirse.

— Capítulo 6 —

NUDOS, AMARRES, TEJIDOS Y TELARES

«Bushcraft *es lo que llevas en la mente y en los músculos.*»

RAY MEARS

L as cuerdas son uno de los recursos más valiosos de nuestro kit de supervivencia. Sus usos son prácticamente infinitos, desde sujetar objetos en trabajos de carpintería hasta confeccionar utensilios adicionales para disfrutar de un mayor confort en el campamento.

TIPOS DE CUERDAS

Estas son las cuerdas más prácticas y multifuncionales que hay que llevar en el kit de supervivencia para estancias largas en la naturaleza.

1. Cuerdas naturales
2. Paracord
3. Sedal
4. Cordones naturales
5. Eslingas
6. Cinta de poliéster

CUERDA NATURAL VS. CUERDA SINTÉTICA

La cuerda natural es más fácil de usar y mucho más versátil que la mayoría de cuerdas sintéticas. Esto es especialmente importante cuando se descompone en fibras o en cuerdas más finas. Las cuerdas sintéticas, como las de aparejo o las de escalada y las cuerdas estáticas de Kevlar, son fáciles de encontrar en el mercado y pueden ser un buen recurso con el que contar si nos sobra espacio en el kit. Sin embargo, hay que saber que, si bien estas cuerdas sintéticas son resistentes en relación con su tamaño, sus fibras suelen romperse tras una larga exposición a la intemperie, lo cual dificulta su uso.

CÓMO FABRICAR CUERDA

Fabricar cuerda es una habilidad que vale la pena dominar, sobre todo si nos encontramos en una situación en la que necesitemos más cuerda de la que tenemos en el kit. Podemos fabricar una cuerda combinando y trenzando tres o más hebras. Los componentes de una cuerda son los siguientes:

- **Fibras:** son los componentes más pequeños, que se entrelazan para crear los hilos.
- **Hilos:** son múltiples fibras entrelazadas en la misma dirección.
- **Hebras:** son múltiples hilos entrelazados en la misma dirección.

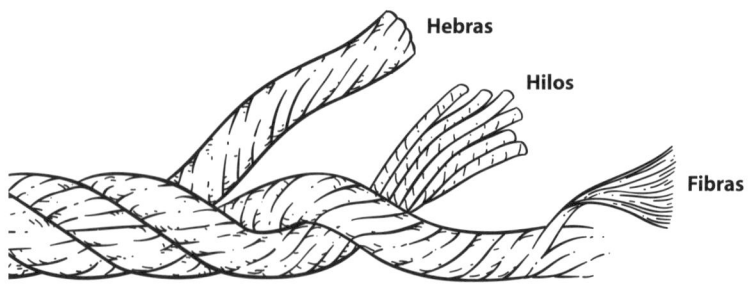

Componentes de una cuerda

TRENZAR CUERDA

Una cuerda se compone de múltiples hebras entrelazadas en dos direcciones diferentes. Para fabricar una cuerda podemos utilizar un trenzador de cuerda, que puede fabricar cuerdas de hasta 6 m de largo. Para obtener una cantidad de cuerda suficiente, deberemos pasar por el trenzador unas once veces la cantidad de cuerda que vayamos a fabricar. Ataremos un extremo de la cuerda a un objeto fijo que nos sirva de soporte y crearemos un bucle para poder sujetarla al trenzador y hacerla girar. Empezaremos girando en el sentido de las agujas del reloj hasta que la cuerda empiece a enrollarse sobre sí misma cuando no esté tensa. A continuación, dividiremos la cuerda en tercios y haremos dos bucles: uno lo colocaremos por encima del soporte fijo y el otro en el trenzador. Ahora tendremos tres hebras de cuerda más grandes entre el trenzador y el soporte fijo. Acto seguido, volveremos a hacer girar el trenzador, pero esta vez en sentido contrario a las agujas del reloj, hasta que consigamos la tensión deseada. Cuando la cuerda esté terminada, hay que tirar fuerte del soporte fijo para «fijar» la cuerda. El último paso es cortar los dos extremos y darles un par de puntadas para cerrar la cuerda.

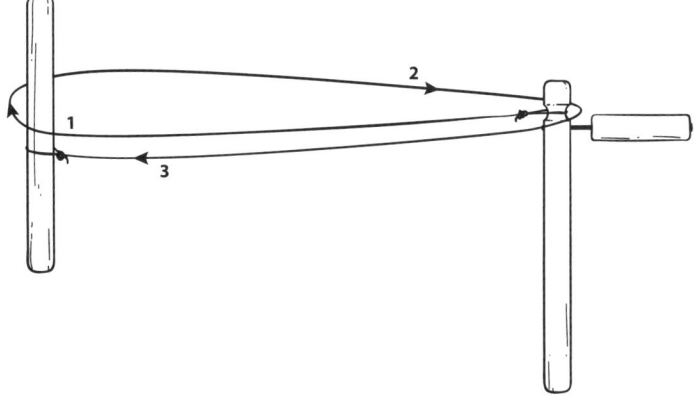

Paso 1

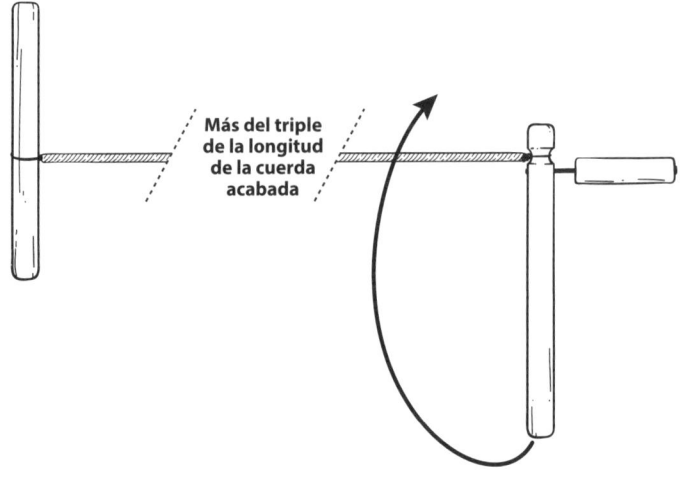

Más del triple de la longitud de la cuerda acabada

Paso 2

CONSERVACIÓN DE LAS CUERDAS

Una de las competencias más importantes en la supervivencia en plena naturaleza es el **uso adecuado de las cuerdas.** Tanto si se trata de cuerda sintética que forme parte de nuestra equipación como si es cuerda natural que hemos fabricado con nuestras propias manos, es un recurso muy valioso que hay que cuidar bien. De hecho, yo opto siempre por nudos que luego puedan deshacerse con facilidad, para así poder recuperar siempre la cuerda sin tener que cortarla. Cuando trabajo con cuerda sintética evito cortar trozos inferiores a 6 m, o cuatro «tirones» del rollo, a menos que sea absolutamente necesario. Con «tirones» me refiero a tirones del rollo de cuerda equivalentes al largo de mis dos brazos extendidos, de una mano a la otra. Siempre es mejor utilizar cuerda de corteza natural para pequeños amarres.

NUDOS

En el libro *El ABC del Bushcraft* expliqué algunos nudos básicos (as de guía, de pescador, Prusik, de leñador, ballestrinque y de trailero) que hay que conocer para montar un campamento para estancias cortas en el monte. Saber hacer nudos de empalme y de bloqueo, y saber cuándo utilizarlos, nos ayudará a conservar las cuerdas durante las estancias largas.

NUDO DE TOPE

El **nudo de tope** es un nudo de bloqueo que se utiliza como nudo de seguridad en combinación con los nudos de empalme y de unión. Los nudos de empalme y de unión se utilizan para unir dos cuerdas o cabos con la finalidad de conseguir una cuerda más larga. Un nudo de tope es un nudo simple que evita que el cabo se escurra bajo tensión o se suelte.

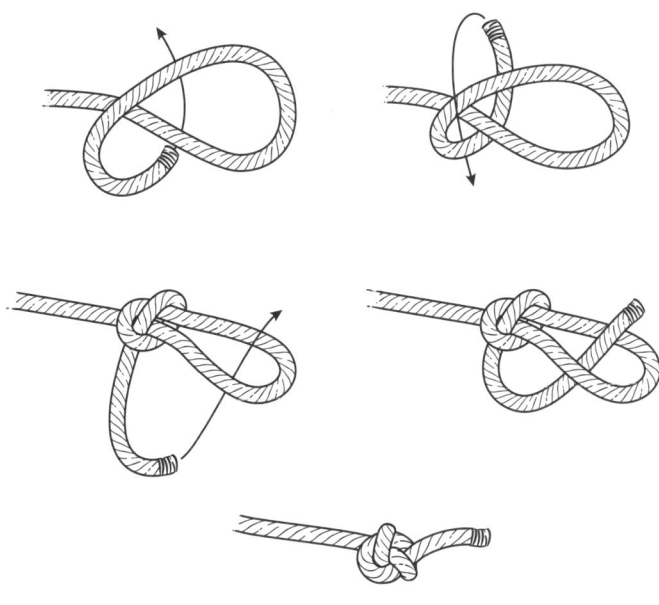

Nudo de tope

NUDOS DE UNIÓN

Un nudo de **unión** sirve para unir dos trozos de cuerda del mismo diámetro o de un diámetro diferente.

Nudo vuelta de escota

El nudo vuelta de escota es un nudo excelente para unir dos cuerdas del mismo diámetro cuando no hay bucles en las puntas.

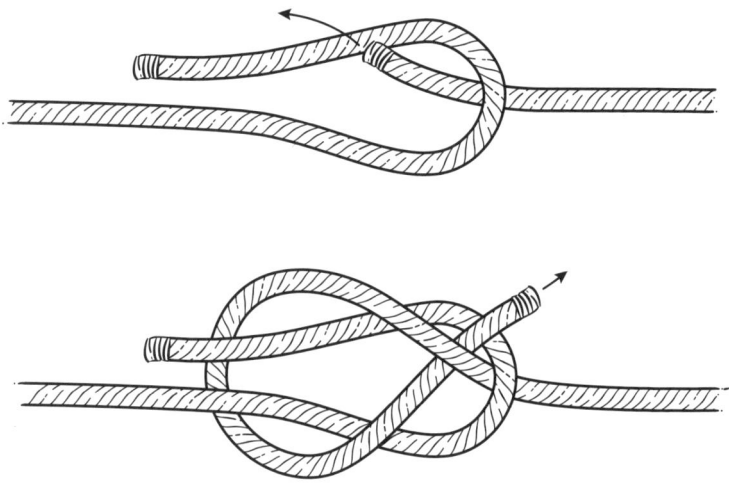

Nudo vuelta de escota

Nudo cuadrado (nudo de rizo)

El nudo cuadrado suele ser muy útil para unir cabos que tienen bucle en sus extremos.

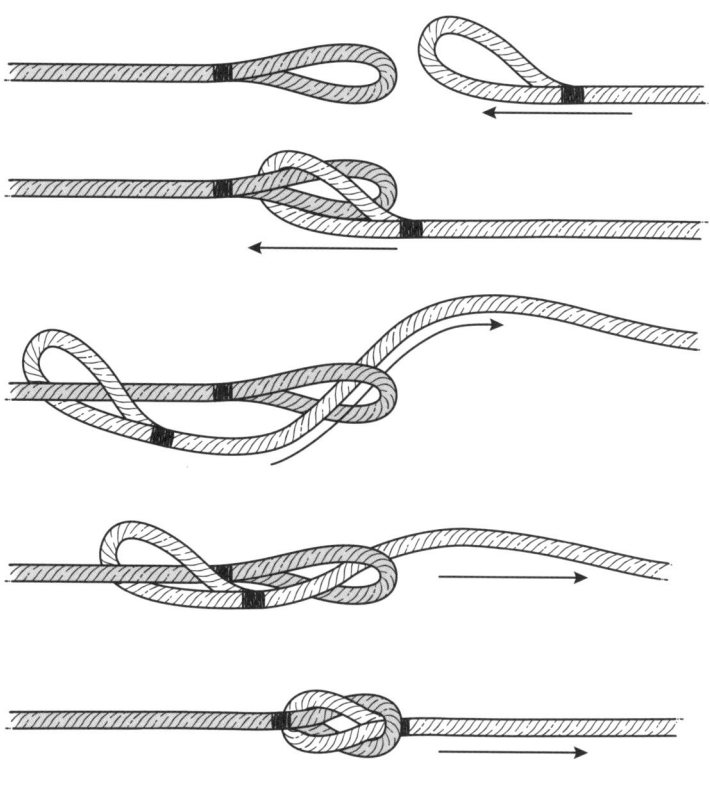

Nudo cuadrado

NUDOS DE EMPALME

Un nudo de **empalme** se utiliza para unir dos cuerdas del mismo diámetro, sobre todo cuando la cuerda que queremos unir tiene un bucle en uno de sus extremos. Lo bonito de estos nudos es lo fácil que podemos ajustarlos o deshacerlos sobre la marcha o si tenemos prisa.

Nudo canadiense (nudo de caña)

El canadiense va muy bien como nudo de tensión para sujetar cosas, como, por ejemplo, una manta o un saco de dormir en el bastidor de la mochila. Este nudo también sirve para tensar dos traviesas en una balsa.

Nudo canadiense

Nudo presilla de alondra

Este nudo va muy bien para sujetar cuerdas a una línea con el propósito de tejer o colgar algo. También podemos utilizar este tipo de nudo para los cazonetes cuando no se puede doblar el cabo o cuando simplemente necesitemos colgar un solo cabo. Funciona mejor si le añadimos un nudo de bloqueo en un extremo.

Nudo presilla de alondra

Ballestrinque

Este nudo constriñe la cuerda e impide que los cabos se deslicen de forma independiente. En esencia, es un nudo que se autobloquea con la tensión.

NUDOS DE BUCLE

Los nudos de **bucle** sirven para crear una sujeción o conexión estática, pero también pueden servir como polea estática para tensarlos alrededor de un objeto.

Bucle deslizante

El bucle deslizante sirve para crear un dispositivo de tensión, como si fuera una polea. Se usa para sujetar cargas o para tensar líneas. Este nudo se incorpora fácilmente a la cuerda y se deshace con un simple tirón.

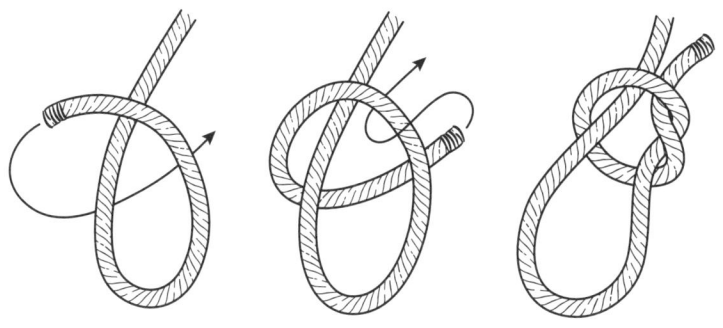

Bucle deslizante

Nudo de mariposa

El nudo de mariposa o nudo alpino de mariposa forma un bucle estable y seguro que no se desliza sobre la cuerda. Es un nudo que se rompe o se deshace fácilmente bajo tensión. También podemos ajustar fácilmente su tamaño.

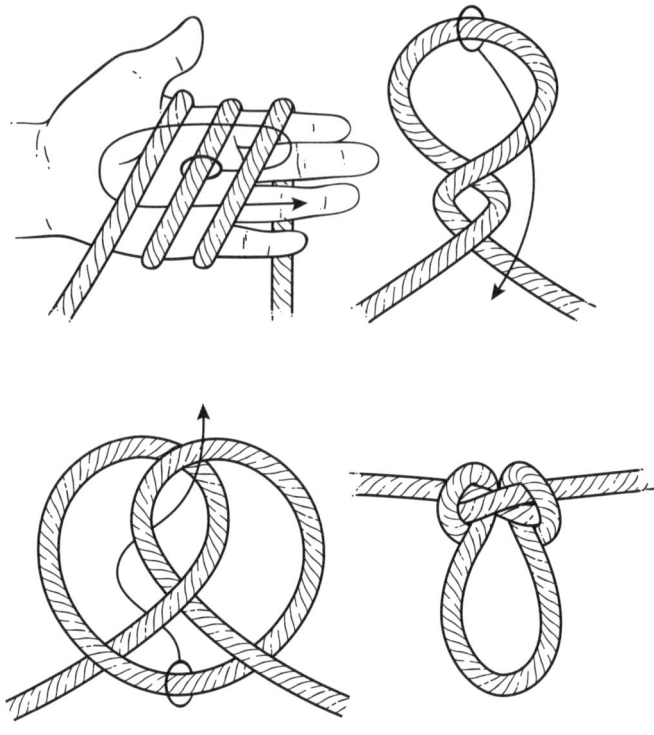

Nudo de mariposa

NUDOS CORREDIZOS

Los nudos **corredizos** son nudos que se deslizan sobre una cuerda estática, atados sobre sí mismos, o nudos que se hacen atando una cuerda a otra.

Nudo de barril / Nudo de sangre

El nudo de barril se usa en un extremo de un cabo fijo o en un bucle para crear un nudo corredizo ajustable para tensar vientos. Si se ata en dos cabos opuestos se convierte en un nudo de unión o nudo de sangre. El nudo de sangre se suele utilizar para líneas monofilamento o sedales.

Nudo de barril

NUDOS DE CIERRE

Los nudos de **cierre** se usan para hacer un bucle en el extremo de una cuerda. Pueden servir como punto de enganche o bucle tensor alrededor de un objeto cuando se sujeta un viento a un árbol.

Nudo constrictor

Este es un nudo especial que se utiliza para el trampeo y que incorpora un nudo presilla de alondra en uno de los extremos para constreñir y mantenerse tirante bajo tensión.

Nudo constrictor

Nudo en ocho

Este tipo de nudo crea bucles al final de la cuerda que se deshacen fácilmente bajo tensión. Estos bucles funcionan mucho mejor que un nudo simple para hacer lazadas en un extremo de la cuerda.

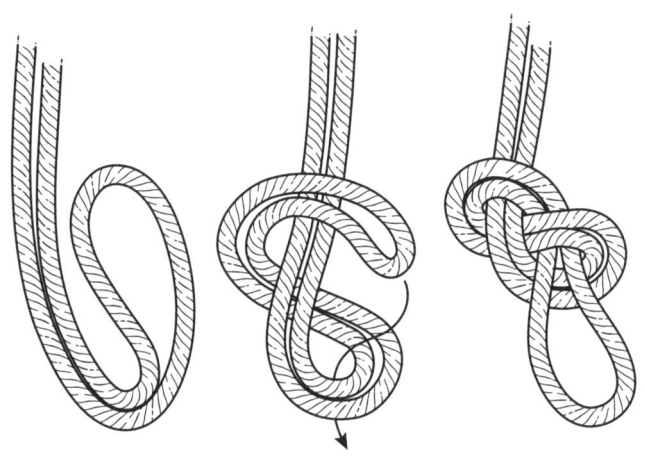

Nudo en ocho

Nudo as de guía

El nudo as de guía es otro nudo de final de cuerda y tiene algunas ventajas en comparación con los otros nudos de su tipo. Una de esas ventajas es que se aprieta o se constriñe sobre una línea bajo tensión, lo cual lo convierte en un buen nudo de rescate. También se ata fácilmente en el cabo después de pasar la cuerda alrededor de otro objeto.

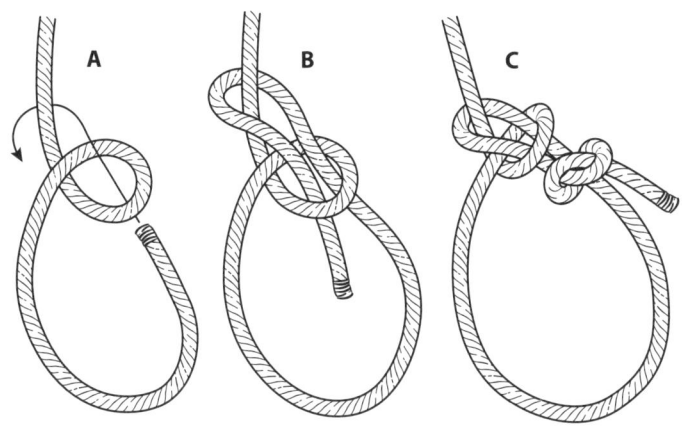

Nudo as de guía

ANCLAJES

Los **anclajes** o enganches son nudos temporales que pueden desanudarse o ajustarse fácilmente.

Anclaje corredizo

Este es un nudo rápido para asegurar objetos sin carga. Se puede utilizar para atar una cuerda a otra línea o a una rama. Es un nudo que se deshace con facilidad y resulta especialmente útil para, por ejemplo, atar el cabo de una barca a un árbol de la orilla.

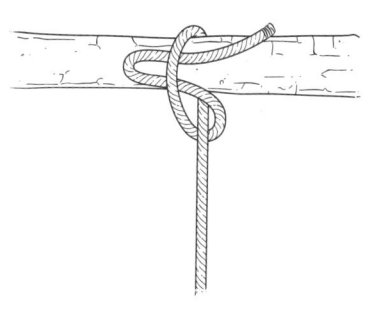

Anclaje corredizo

Nudo de trailero

El nudo de trailero incorpora un nudo en línea y sirve para asegurar una carga o un cabo tensado. Puede ajustarse con cierres rápidos para que las cargas puedan desatarse fácilmente o para mover los vientos del campamento con facilidad.

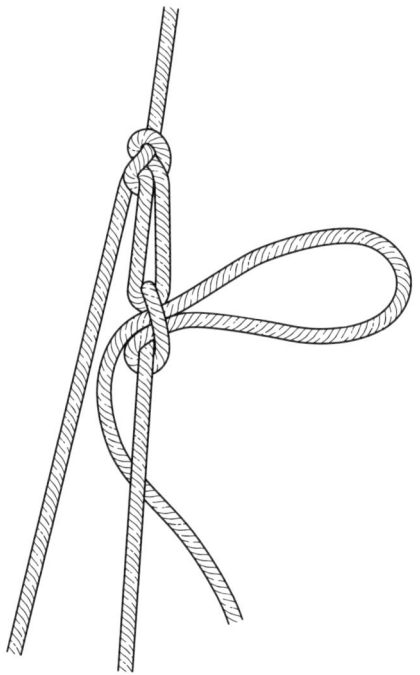

Nudo de trailero

Nudo de madera

El nudo de madera es un buen nudo inicial para cualquier amarre, porque es un nudo de constricción que depende de la fricción para sujetarse. Se puede deshacer fácilmente para recuperar cuerda y se puede utilizar al final de la cuerda del arco.

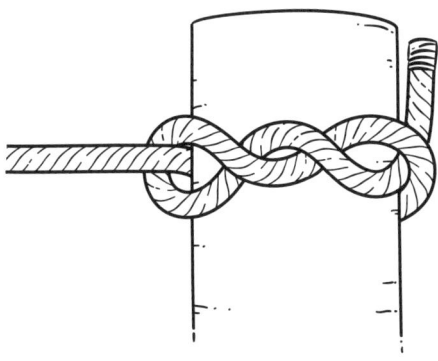

Nudo de madera

AMARRES

Los **amarres** son una combinación de ataduras, nudos y anclajes que sirven para asegurar. Pueden utilizarse para sujetar cargas que hay que transportar largas distancias o para asegurar una serie de contenidos enrollados en forma de paquete, como un *tarp* o una manta. También sirven para atar un fardo a un bastidor de mochila, un caballo o un trineo.

TEJER CESTAS

Las cestas son excelentes recipientes para el almacenaje y el transporte de alimentos que recogemos en el monte. El método más sencillo para tejer una cesta consiste en hacer trenzado en forma de cruz con cuatro ramitas flexibles en cada lado, lo cual nos da un total dc ocho ramitas. Para empezar a tejer la cesta vamos a necesitar una novena ramita. Podemos tejer una cesta con casi cualquier material: enredaderas, lianas, cortezas o ramas. Iremos pasando el material por dentro y por fuera de las ramitas, dando vueltas, y empezaremos a darle forma de cesta levantando poco a poco las ramitas y controlando la tensión que aplicamos al material de modo que vaya formando un recipiente cóncavo y redondeado. Para terminar, daremos una última vuelta del material en forma de puntada superpuesta por encima y recortaremos las ramitas y el material sobrante.

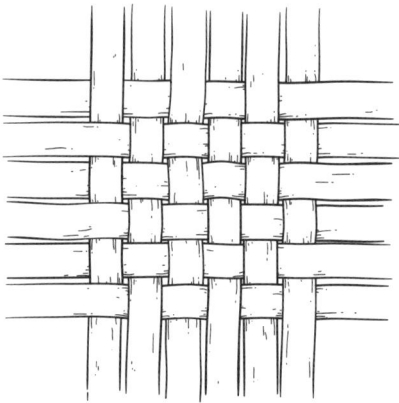

Tejido de cesta

CESTERÍA EN ESPIRAL SIMPLE

La cestería en espiral es una técnica sencilla que emplea materiales flexibles para fabricar recipientes. Para confeccionar una cesta con esta técnica hace falta una buena cantidad de cuerda —sobre todo si la cesta va a ser grande—, pero el material que se utiliza es bastante simple: tiene que ser material que pueda doblarse fácilmente por la mitad sin romperse, como las agujas de pino. También se necesita un hilo de tipo sedal y una aguja de coser lona, que va muy bien, aunque también podemos utilizar una aguja de hueso o de madera que nos hayamos fabricado nosotros mismos. Empezaremos a trabajar con una sección del material a enrollar en espiral: lo doblamos y le damos forma tubular, y luego vamos formando una espiral cosiéndola por los bordes a medida que va creciendo para que se mantenga unida.

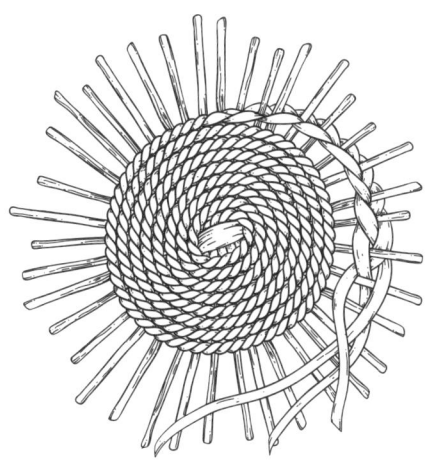

Tejido en espiral

CESTAS DE CORTEZA

La corteza recogida en primavera de algunos árboles como el tulípero puede servirnos para confeccionar una cesta muy duradera. A este tipo de corteza también le podemos dar forma tubular y utilizarla como carcaj. Para recolectar la corteza del árbol, haremos un corte con un cuchillo o un hacha hasta la albura. Luego haremos otro corte de forma circular por encima y por debajo del primer corte. Este método, que se conoce como «anillar el árbol», suele matar el árbol, así que procuraremos escoger un árbol que contenga muchos otros recursos que podamos aprovechar con el tiempo. Cuando ya tengamos la corteza cortada, podemos utilizar un palo afilado o una espátula para separarla del árbol. Para hacer una cesta sencilla hay que cortar un trozo de corteza que sea dos veces y media más largo que la altura que queramos darle a la cesta. Escogeremos una anchura basada en el tamaño que deseamos darle a la cesta. A continuación, cortaremos dos medias lunas en la parte exterior de la corteza, justo en el centro. Estas dos medias lunas deben estar encaradas, de modo que las puntas de la parte superior y la inferior se toquen. Estos cortes serán las líneas de pliegue que formarán la base de la cesta. Después podemos doblar los lados y encajarlos. Doblaremos la pieza con la parte de la corteza hacia fuera y, con el punzón, perforaremos unos agujeros en los laterales. Podemos utilizar un cordel fuerte para coser la cesta con puntadas simples. Si es necesario, incorporaremos un asa en la parte superior. A mí, el árbol que más me gusta para tejer cestas con corteza es el tulípero, pero el abedul también va muy bien. Si vamos a tejer una cesta muy pequeña, podemos evitar cortar un trozo grande de corteza del árbol; en este caso conviene aplicar una capa de barro en la zona del árbol donde hemos arrancado la corteza para protegerlo y que pueda curarse.

CÓMO TEJER

Tejer es una habilidad muy amplia que nos permite confeccionar prácticamente cualquier cosa, desde correas para una mochila hasta cestas e incluso toldos para un refugio. Tejer puede ser tan sencillo como entretejer pequeñas hebras o tan complejo como utilizar un telar para confeccionar tejidos más grandes. En este apartado explicaré algunas de las técnicas de tejido más versátiles que hay y que me han resultado útiles en mis salidas por la naturaleza; pero, antes de empezar, vamos a ver algunos términos que es importante conocer bien:

- **Tejido cruzado** *(crosshatch)*. Dos series de líneas paralelas que fluyen en direcciones opuestas de modo que se cruzan entre ellas.
- **Urdimbre.** El conjunto de hilos que corre en sentido longitudinal (vertical) en un telar.
- **Trama.** El conjunto de hilos que cruza los hilos de la urdimbre (en horizontal) para crear un tejido.
- **Abertura.** La separación entre los hilos superior e inferior por la cual se cruza la trama.
- **Recogepuntos o lizo.** La pieza del telar que separa y levanta los hilos de la urdimbre para que la trama pueda cruzarse entre ellos.
- **Lanzadera.** Cualquier accesorio que sirva para cruzar la trama por la urdimbre y a través de la abertura.

TEJIDO MANUAL EN DIAGONAL

El tejido en diagonal con los dedos es una técnica eficaz para confeccionar tiras cortas que pueden servir de sujeción para las mochilas u otras piezas que no son ni muy largas ni muy anchas. Para empezar a tejer, clavaremos dos clavos, separados entre sí por unos 15 cm, sobre una madera que nos sirva de base para trabajar. Mientras tejemos, el palo para tejer quedará colocado encima de los dos clavos. Tiene que ser un palo que mida, aproximadamente, 1,30 cm de diámetro y 30 o 40 cm de largo. A continuación, doblaremos 5 hebras de cuerda (por ejemplo, de yute), las pasaremos sobre el palo de tejer y las aseguraremos con un nudo presilla de alondra. De este modo tendremos 10 hebras colgando del palo de tejer.

Utilizaremos un segundo palo, de diámetro y longitud similares a los del primero, como **palo para enrollar,** y lo colocaremos debajo de los dos clavos que sujetan el palo de tejer. Mientras tejemos, iremos enrollando el tejido acabado alrededor de este palo. Esto nos permitirá mantenernos cerca de la parte que estamos trabajando y aprovechar la tensión para tejer.

Para empezar, colocamos el palo de tejer encima de los clavos y pasamos la décima hebra por encima del clavo derecho. Para la primera vuelta, cogemos la primera hebra, la hebra activa con la que trabajaremos, y la pasaremos por debajo de la segunda, por encima de la tercera, por debajo de la cuarta, por encima de la quinta… y así sucesivamente hasta llegar a la novena hebra. Acto seguido, retiramos la décima hebra del clavo y la sustituimos por la hebra activa.

Para la segunda vuelta, cogemos la que ahora es la primera hebra y esta vez la pasamos por encima de la segunda hebra, por debajo de la tercera, por encima de la cuarta… y así hasta llegar a la novena hebra. Luego retiramos la décima hebra del clavo y la sustituimos por la hebra activa.

Continuamos este proceso, por el cual trabajamos siempre con la primera hebra de la fila y vamos alternando las pasadas por encima y por debajo de las hebras siguientes, hasta que la pieza que tejemos alcance la longitud deseada. Entonces es cuando cogemos la décima hebra y hacemos un nudo ballestrinque para cerrar la pieza.

TEJIDO CRUZADO

El tejido cruzado es un método que podemos utilizar con cualquier material que tenga textura, como la corteza o las hojas de espadaña. Sirve para confeccionar una trama y podemos usarlo para materiales tan grandes o pequeños como sea necesario. También podemos darle casi cualquier forma que queramos. Imaginemos un tablero de tres en raya en el cual las líneas del tablero pasan por encima y por debajo entre ellas para formar un tejido.

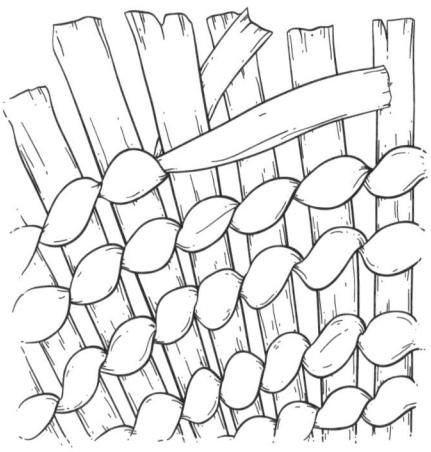

Tejido cruzado

TELAR DE BOSQUE

Podemos construir un **telar de bosque** para tejer piezas más grandes, como, por ejemplo, esterillas para dormir o lonas para hacer un tipi indio. Para construir un telar de bosque primero necesitamos asegurar un árbol joven largo, más o menos a la altura de la cintura, a un árbol en forma de T con una cuerda. A continuación, clavamos una hilera de estacas en el suelo alejadas del travesaño que hemos montado, pero justo delante de él. Estas estacas nos van a servir para tejer y tienen que estar paralelas al árbol. Cuanto más grande sea la pieza que queremos tejer, más lejos tenemos que colocar las estacas. El ancho de la pieza lo determina el número de estacas que clavemos en la hilera. Acto seguido, colocamos otra barra de un tamaño similar al del árbol joven que hemos utilizado al principio, y con esto tendremos todos los componentes del telar de bosque preparados. Alternaremos la urdimbre para el tejido con cordaje robusto, de manera que la primera urdimbre quede fijada en el árbol joven, y la siguiente, en una estaca. La siguiente urdimbre se fija en el árbol joven; la siguiente, en la siguiente estaca de la hilera… Y así continuamos colocando las urdimbres, siguiendo este patrón, hasta llegar a la última estaca. Utilizaremos el travesaño como recogepuntos. Una vez las urdimbres estén completas, podemos subir y bajar el recogepuntos para colocar las tramas de material en el telar, alternando por encima y por debajo de estas. Utilizaremos otro árbol joven para tensar las tramas a medida que vamos avanzando. El telar de bosque funciona mejor si lo opera más de una persona.

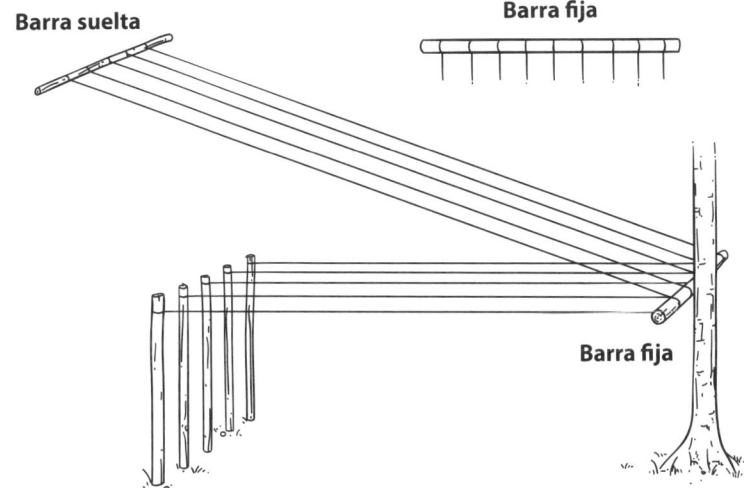

Barra suelta

Barra fija

Barra fija

Telar de bosque

TEJIDO CON TABLETAS

El tejido con tabletas, como el tejido en diagonal con los dedos, sirve para confeccionar tiras robustas pero no muy anchas. Sin embargo, al utilizar este método no manipularemos tanto los componentes individuales de la pieza, porque no se utilizan los dedos. El tejido con tabletas, como su nombre indica, utiliza tabletas o piezas planas perforadas con agujeros que funcionan como la abertura.

Para empezar, vamos a necesitar una cantidad par de tabletas cuadradas que midan unos 8 cm por cada lado. Podemos hacerlas de madera, cartón, plástico o cualquier otro material que sea más o menos rígido. A continuación, taladramos cuatro agujeros en cada tableta, uno en cada esquina. Estas tabletas nos servirán de recogepuntos, y pasaremos una hebra a través de cada uno de los agujeros para crear la urdimbre. Así, si tenemos 12 tabletas, tendremos 48 urdimbres.

El telar podemos montarlo con dos palos cualesquiera, a los que ataremos los hilos. Al empezar a tejer, podemos sujetar el extremo del telar más cercano a las tabletas o engancharlo al cinturón que llevemos puesto. El extremo más alejado lo sujetamos a un objeto fijo, como un árbol, por medio de un nudo corredizo. Cuando tenemos claro el número de urdimbres, es hora de cortar el hilo. Si queremos 48 urdimbres, cortamos 24 hilos. Doblamos cada hilo por la mitad y lo fijamos al extremo más próximo del telar con un nudo de presilla de alondra. Cuando hayamos fijado todos los hilos, podemos pasarlos por los agujeros de las tabletas.

Una vez tenemos la urdimbre preparada, vamos a necesitar una lanzadera para pasar la trama. Una aguja de red funcionará perfectamente, o cualquier aguja con un ojo lo bastante grande como para enhebrar el cordaje con el que vayamos a trabajar. Para empezar a tejer, pasamos la lanzadera por la abertura, que es el hueco que queda entre los agujeros de la parte superior e inferior de cada tableta. Cuando lleguemos al final de la hilera, damos un cuarto de vuelta a la tableta en el sentido de las agujas del reloj. A continuación, pasamos la trama a través de la abertura una vez más y, cuando lleguemos al final de la hilera, damos otro cuarto de vuelta a la tableta en el sentido de las agujas del reloj. Estos pasos se van repitiendo hasta que consigamos la longitud deseada para la pieza que estamos tejiendo. Para terminarla solo tenemos que atar y trenzar los cabos que queden sueltos.

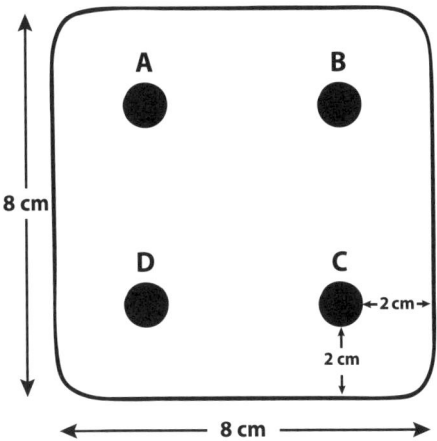

Tejido con tabletas

TELAR DE CLAVIJAS SIMPLE

El **telar de clavijas** simple es útil porque podemos adaptarlo para trabajar con materiales de todos los tamaños para confeccionar piezas de todas las dimensiones. Para explicar las instrucciones, pondremos como ejemplo que vamos a tejer una bufanda con hilo de lana. Cuando se teje con un telar de clavijas, el hilo que pasa por cada clavija es la urdimbre y el hilo que se enrolla alrededor de cada clavija es la trama.

CÓMO CONSTRUIR UN TELAR DE CLAVIJAS

Para construir un telar de clavijas necesitamos el siguiente material:

- 1 tabla de madera: 5 × 10 cm y unos 30-60 cm de largo
- 8 varillas de 2,5 × 15-20 cm
- Un taladro

Empezamos taladrando una serie de agujeros en la tabla de madera, en los que encajaremos las varillas, que funcionarán como las clavijas del telar. Taladramos un agujero en la base de cada varilla, a través del cual pasaremos los hilos de la urdimbre. Estos agujeros deben estar a una altura que, al colocar las varillas en los agujeros de la tabla, podamos verlos por encima del borde.

USO DEL TELAR DE CLAVIJAS

Primero, hay que decidir el largo de la pieza que vamos a tejer y usar el doble de cuerda. A continuación, se enhebran las clavijas. Yo me ayudo de un pequeño gancho de alambre para pasar la cuerda por los agujeros de las clavijas. Se tira del hilo hasta que quede la misma cantidad colgando de ambos lados del agujero de la clavija. Este hilo que queda colgando es la urdimbre.

Con el telar ya preparado, podemos empezar a tejer. Tiramos del cabo del ovillo de lana (o cualquier material que estemos utilizando) y lo atamos a la primera clavija. Para atarlo usaremos un nudo simple, que quede bien asegurado y no se desate. Pasamos el hilo por detrás de la segunda clavija, por delante de la tercera, por detrás de la cuarta, por delante de la quinta, por detrás de la sexta. Acto seguido, llevamos el hilo de vuelta a la primera clavija pasándolo por delante de la sexta clavija, por detrás de la quinta, por delante de la cuarta, por detrás de la tercera, por delante de la segunda y por delante de la primera. A continuación, pasamos ese hilo hacia atrás de la fila de clavijas. Cada vuelta que hacemos cierra la vuelta anterior porque va en la dirección opuesta.

Continuaremos pasando la trama alrededor de las clavijas hasta que las vueltas estén a tres cuartas partes de la altura de las clavijas. A medida que vamos tejiendo, empujamos las hileras de vueltas hacia abajo con un palo o con las manos; esto no solo tensa la labor, también permite ganar espacio para acumular más vueltas en las clavijas.

Podemos ampliar nuestro telar de clavijas para trabajar con piezas y materiales de todos los tamaños. Para ello solo tenemos que taladrar unos agujeros más por encima y por debajo de la primera fila. Para utilizar materiales grandes, los agujeros deben estar más separados; para utilizar materiales más pequeños, deben estar más juntos. La configuración grande la podemos usar para tiras de piel de animales grandes. Un telar de clavijas puede contar con entre 30 y 40 clavijas, dependiendo del ancho del material con el que queramos trabajar y de la medida que queramos darle a la pieza final. Para una mayor estabilidad, estos telares podemos colocarlos sobre caballetes.

A mí me gusta cerrar los cabos con un nudo corredizo, para asegurarme de que el tejido queda bien cerrado cuando desmonto las clavijas. Retiramos las clavijas de los agujeros y deslizamos las vueltas acumuladas para retirarlas de las clavijas. Volvemos a colocar las clavijas en los agujeros y volvemos a enrollar el hilo alrededor de ellas, alternando las direcciones, hasta que llegue a la mitad o tres cuartas partes de la altura de las clavijas. De nuevo, sacamos las vueltas de las clavijas y las deslizamos sobre la trama. Este proceso se va repitiendo hasta que la pieza que tejemos alcance la longitud deseada.

TELAR DE CINTA

Un **telar de cinta** sirve para confeccionar piezas estrechas, como cinturones, ribetes, correas y fajines. Construir un telar de cinta es difícil, pero, una vez lo tenemos montado y con los hilos preparados, tejer en él es muy sencillo.

CÓMO CONSTRUIR UN TELAR DE CINTA

Para construir un telar de cinta se necesita el siguiente material:

- 1 pieza de madera de $75 \times 2,5 \times 10$ cm
- 3 piezas de madera de $40 \times 2,5 \times 10$ cm
- 1 trozo de madera de desecho que mida entre 40 y 50 cm de largo

- 1 varilla de 80 cm de largo
- Cola para madera
- Tornillos de madera: 4 de 2,5 cm y 8 de 5 cm
- Un taladro con una broca Phillips del n.º 2
- Una sierra

Colocamos la pieza de madera más larga (75 cm) en la zona de trabajo. Echamos un poco de cola para madera en el extremo plano de la primera de las tres piezas de madera de 40 cm y la colocamos formando un ángulo de 15-20 grados en el extremo plano derecho de la tabla de 75 cm. Aseguramos la madera con un par de tornillos. A continuación, cogemos la segunda tabla de 40 cm y la colocamos a un pie de distancia de la primera, sobre la tabla de 75 cm, formando el mismo ángulo en dirección opuesta. La aseguramos con cola para madera y un par de tornillos. Colocamos el trozo de madera de desecho en el extremo inferior de la tabla de 75 cm, en sentido perpendicular a las tablas de 40 cm. Este trozo de madera es la base del telar.

Acto seguido, serramos la varilla en clavijas de la misma longitud: 15 cm. Vamos a necesitar un total de 8 clavijas. Taladramos un orificio de 1,25 cm de profundidad en la base de cada clavija (yo utilizo un tornillo de banco para sujetar cada clavija mientras la taladro) y colocamos tres de ellas en el extremo plano de cada tabla de 40 cm, las que forman ángulo. La primera clavija de cada tabla debe colocarse a 5 cm de la parte superior; la segunda, a 5 cm de la parte inferior; y la tercera, justo en medio de las dos clavijas anteriores, a unos 20 cm de la parte inferior. Para fijar las clavijas, usaremos un poco de cola de madera, y también pondremos un poco de cola en las roscas de los tornillos, para mayor seguridad. Colocamos la séptima clavija en el extremo delantero de la tabla de 75 cm justo por debajo de la clavija más baja de la primera tabla de 40 cm colocada en ángulo.

Fijamos la última clavija en la parte delantera de la tercera tabla de 40 cm. Utilizar una abrazadera de carpintería nos permitirá unir esta tercera tabla al telar mientras enhebramos las clavijas. Cuando las clavijas estén enhebradas y se haya establecido una tensión entre el telar y la octava clavija, podemos retirar la abrazadera. Esta pieza de madera se moverá hacia delante y hacia atrás cuando empecemos a manejar el telar.

CÓMO ENHEBRAR EL TELAR

Para enhebrar el telar de cinta se necesitan dos juegos de cuerda. Yo suelo utilizar cuerda de yute y, a menudo, de dos colores diferentes: uno para la urdimbre y otro para la trama, que crean un patrón bonito. Atamos el cabo del primer juego de cuerda a la tabla de 40 cm que sujeta la clavija 8. Pasamos la cuerda por encima de las clavijas 1 y 2, por debajo de la 3, por encima de la 4, por debajo de la 5, por encima de la 6, nos saltamos la clavija recogepuntos (7) y pasamos el hilo por debajo de la clavija 8. A continuación llevamos la cuerda de nuevo hasta la parte superior del telar, pero esta vez la pasamos por debajo de la clavija 1 y luego por encima de la 2, por debajo de la 3, por encima de la 4, por debajo de la 5, por encima de la 6, nos saltamos la 7 y por debajo de la 8. Volvemos a llevar la cuerda hasta la parte superior del telar una vez más, pero esta vez la pasamos por encima de la clavija 1, por encima de la 2… y así sucesivamente. Básicamente, lo que hacemos es alternar encima/debajo solo en la clavija 1. La dirección de la cuerda con respecto a las demás clavijas siempre permanecerá igual. Continuamos colocando así la urdimbre hasta que la pieza que estamos tejiendo alcance el ancho deseado. Este espacio entre los hilos que pasaron por encima de la clavija 1 y los que pasaron por debajo de esa misma clavija es el que forma la abertura, y la lanzadera pasará a través de él.

Una aguja de coser redes va muy bien para usarla de lanzadera en un telar de cinta. Para empezar a tejer, fijamos el segundo juego de hilo a la urdimbre de delante de la clavija 8. Enhebramos la lanzadera con el hilo, que sujetaremos con un nudo ballestrinque simple, para poder deshacerlo fácilmente después. Para trabajar la primera hilera, empujamos la urdimbre de delante de la clavija 1 hacia abajo para formar la abertura y pasamos la lanzadera por este espacio. Para la segunda vuelta, empujamos la urdimbre de delante de la clavija 1 hacia arriba y pasamos la lanzadera por este espacio. A medida que vamos trabajando con este patrón, nos ayudaremos con un palo para empujar hacia abajo cada trama sobre la urdimbre.

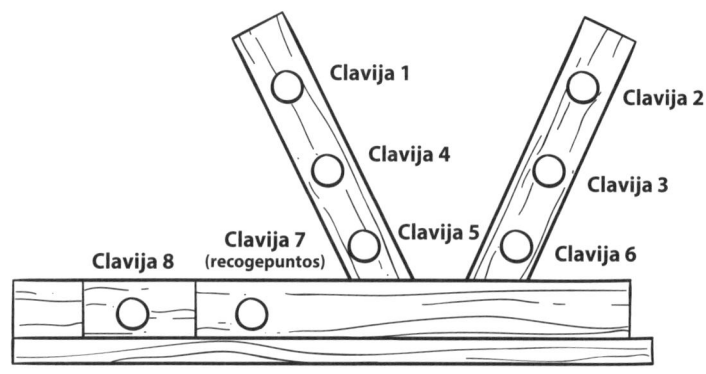

Telar de cinta

CÓMO ROTAR LA PIEZA

Cuando ya llevemos un rato tejiendo y la trama esté, aproximadamente, a 2,5 cm del recogepuntos, habrá llegado el momento de rotar la pieza. Para ello, deshacemos el nudo ballestrinque con el que antes hemos sujetado la trama al telar y lo atamos alrededor de la urdimbre, asegurándolo con un nudo de cierre apretado. Ahora que la segunda cuerda ya no está en el telar, tiramos de la pieza hacia nosotros, de modo que se mueva sobre la base del telar hacia atrás, y empujamos los hilos del recogepuntos hacia arriba. Seguiremos tirando de la pieza hacia atrás y empujando los hilos del recogepuntos hacia arriba hasta que la pieza tejida empiece a enrollarse debajo del telar y la urdimbre que quede delante de nosotros esté despejada y lista para recibir la trama.

TELAR DE CINTURA

El telar de cintura es uno de los recursos más prácticos y sencillos para confeccionar piezas alargadas, como, por ejemplo, cinchas, cuando no tenemos un telar de cinta a mano. Lo que hace del telar de cintura una opción tan interesante es que nos permite tejer piezas de una longitud ilimitada. El tejedor se usa a sí mismo como base del telar, con un palo y un cinturón o dos anillas metálicas. La urdimbre se separa mediante un bucle de urdimbre y, a continuación, los hilos del recogepuntos se sujetan a un palo flotante. Así, la urdimbre puede manipularse levantando el hilo o el recogepuntos para obtener una abertura. La trama se teje en la abertura con una lanzadera que escojamos. Con la ayuda de otro palo podemos ir enrollando la parte de la pieza que ya tenemos tejida a medida que vamos trabajando.

TEJER REDES

Si vamos a pasar tiempo en una zona próxima al agua, con ríos o lagos, **tejer redes** es una de las habilidades más valiosas que podemos aprender. Podemos tejer redes de cualquier forma, tamaño o dimensiones para que se ajusten a nuestras necesidades. Una buena red de enmalle (o de tope, como se las llama a veces) es una fuente fiable de alimento. Siempre va bien tener redes a mano, porque nos pueden servir para muchas cosas, como, por ejemplo, cubrir y transportar carga o incorporarlas a las trampas que preparemos para cazar.

RED DE ENMALLE

Confeccionar una red de enmalle requiere algo de esfuerzo, pero es un recurso muy valioso para la supervivencia a largo plazo en plena naturaleza. Esta red se puede colocar en un arroyo para atrapar peces o pequeños mamíferos. Para confeccionar una red de enmalle se necesita el siguiente material:

- Una gran cantidad de hilo de diámetro fino (yo suelo usar sedal del n.º 6)
- Una pequeña cantidad de hilo grueso (por ejemplo, sedal del n.º 36)
- Una aguja para tejer redes (podemos fabricarla nosotros mismos con pino o cedro, pero también hay modelos comerciales fabricados en plástico)
- Un medidor de malla de la misma anchura que la aguja

ENHEBRAR LA AGUJA

Para empezar, cogemos el hilo fino, le hacemos un nudo ballestrinque en uno de los extremos y enhebramos con el otro la aguja. Acto seguido, volteamos la aguja hacia atrás, bajamos el hilo hasta el extremo de la aguja, lo envolvemos alrededor de su base, volvemos a subirlo y, de nuevo, lo envolvemos alrededor de la punta; volteamos la aguja hacia delante, envolvemos el hilo alrededor de la base, volvemos a subir, volteamos la aguja hacia atrás y así sucesivamente hasta que tengamos unas tres cuartas partes del hilo enhebrado en la aguja.

PREPARACIÓN

Atamos el cabo de hilo grueso a dos objetos fijos, de modo que quede tensado y a una altura a la que nos sea cómodo trabajar. Este hilo grueso funciona como la relinga superior, la línea base, y vamos a confeccionar la red sujetando el hilo de la aguja directamente a esta relinga.

Tiramos del cabo de la punta de la aguja y lo sujetamos a la relinga con un nudo ballestrinque. Aseguramos el hilo fino a la relinga con una serie de nudos. Con un medidor de malla, nos aseguraremos de que los huecos de la red —que se llaman mallas— tengan la misma anchura. Hay que recordar que el tamaño de las mallas de la red determinará el tamaño de las presas que podemos capturar. Si las mallas miden 5 cm de ancho, todo animal que mida menos de 5 cm podrá escapar.

Subimos el hilo de la aguja en ángulo y lo pasamos por detrás y por encima de la relinga superior y el medidor de malla. Volvemos a subir el hilo de la aguja, pero esta vez solo lo envolvemos por detrás y por encima de la relinga, y hacemos un nudo alrededor de la lazada que acabamos de formar. Continuamos así, por encima del medidor de malla y la relinga, y luego solo por encima de la relinga y alrededor de la lazada, hasta que tengamos 15 nudos en la relinga superior.

MANEJO DE LA AGUJA

Ahora que ya tenemos el hilo de la aguja asegurado a la línea base, empezaremos a dar forma a la red. Comenzamos por donde está colocada la aguja, en el lado derecho de los nudos, y trabajamos hacia atrás hasta el primer nudo ballestrinque. Sujetamos el medidor de malla por debajo de las 15 lazadas que hemos hecho en la primera serie de nudos. Pasamos el hilo de la aguja por detrás del medidor de malla y a través de la primera lazada. Tiramos del hilo hasta el final y lo tensamos con el medidor de malla. A continuación, volvemos a subir el hilo y lo pasamos por la parte posterior de la lazada para hacer un nudo. Continuamos trabajando así a través de todas las lazadas hasta que lleguemos al primer nudo ballestrinque. Sujetamos el medidor de malla con el segundo conjunto de lazadas y trabajamos hasta el final del hilo, incorporando lazadas hasta conseguir la longitud deseada.

NASA

La **nasa** es una red que tiene forma de embudo y que está diseñada para colocarse en un río o arroyo con la abertura a contracorriente. Podemos fijarla en su sitio con estacas y construir otra nasa con residuos naturales o añadirle un cebo para atrapar animales más grandes. Una nasa se confecciona como una red de enmalle, excepto por la cuerda de cabeza. En este caso, necesitamos algo que tenga forma de aro, que podemos construir con una rama verde, por ejemplo. Cuando tengamos la red confeccionada, podemos incorporar aros adicionales en su interior. Esta red forma una trampa: los peces pueden nadar hacia su interior, pero no darse la vuelta y salir, por lo que quedan atrapados.

CINCHAS

Las **cinchas** se usan desde hace siglos. En la actualidad, muchas culturas continúan utilizando cinchas para cargar peso en la espalda, cargas que son demasiado voluminosas o incómodas para transportarlas de otra manera. La cincha es una correa que rodea la carga y que se lleva en la coronilla o en la cabeza. La persona que usa la cincha para cargar tiene que doblar ligeramente la cintura para que el peso descienda por la columna vertebral y no ejerza tensión sobre los músculos del cuello o los hombros. Las cinchas suelen estar hechas de cordaje, cuerda o cintas, y a veces están tejidas a mano y decoradas con detalles y bordados. La mayoría suelen medir entre 1,80 y 3,5 m de largo, y en su parte central hay un tramo de unos 60 cm que es más ancho que el resto de la cincha. Algunas cinchas incluso incorporan flecos decorativos en las puntas.

TRUCOS Y CONSEJOS

1. Podemos confeccionar cuerda de dos cabos con materiales que ya tengamos, como sedal, para aumentar su resistencia a la tracción o con fibras naturales entrelazadas.
2. Un nudo de pescador es la mejor opción para unir cualquier cuerda si estamos tejiendo una pieza o una red.
3. Podemos fabricar una herramienta llamada palo batidor, que sirve para compactar la trama al tejer y aumenta la durabilidad y la calidad general de la pieza tejida.
4. Si vamos a tallar las agujas y las lanzaderas nosotros mismos con materiales naturales, conviene utilizar madera seca, ya que la verde suele resquebrajarse si se talla muy fina.

— Capítulo 7 —
TRAMPEO

«Solo existe una manera de aprender a hacer una cosa: hacerla.»

DANIEL CARTER BEARD, *THE FIELD AND FOREST HANDY BOOK*

El trampeo primitivo da para un libro entero, pero aquí voy a ofrecer la información más importante que un *bushcrafter* necesita para convertirse en un trampero autosuficiente y eficaz. En el pasado, los tramperos se servían de una combinación de trampas de acero y primitivas construidas con los materiales que tenían a mano. Esto les permitía cobrarse un buen número de pieles sin tener que cargar con cien o más trampas. En una estancia larga en plena naturaleza es absolutamente necesario contar con trampas de acero, pero también hay que saber utilizar los métodos de trampeo primitivos. Las trampas metálicas no se popularizaron hasta mediados del siglo XVIII. Hasta entonces, los cazadores se servían de métodos aprendidos en los bosques de Europa, así como de los pueblos nativos americanos en los de Estados Unidos. Cuando hablamos del trampeo como método de supervivencia, no importa tanto saber qué especies concretas cuentan con la mejor piel, porque lo que buscamos es una fuente de alimento. Para ser un buen trampero, primero debemos comprender la secuencia que va de los recursos en la cadena alimentaria inferior (los animales que comen otros animales) hasta los animales de mayor tamaño que merece la pena cazar. Debemos saber qué animal estamos cazando y cómo identificar sus señales para preparar las trampas. Es esencial tener un buen conocimiento práctico de las trampas para las tres principales fuentes de alimento: mamíferos, peces y aves.

COMPORTAMIENTO ANIMAL

El trampero eficaz necesita unos conocimientos básicos sobre el comportamiento animal. Conviene saber:

- Qué comen
- Dónde viven
- Adónde van

Los animales son predecibles. Necesitan lo mismo que nosotros necesitamos: un buen sitio para dormir, agua y alimento. Aparte de satisfacer sus necesidades básicas, su único propósito en la vida es la reproducción de su especie. Los animales suelen estar más relajados cuando duermen y también cuando se desplazan hacia o desde un área de alimentación o abrevadero, y están más alerta cuando se alimentan o abrevan. Sus rutas de paso son lugares adecuados donde poner trampas, porque los animales son oportunistas por naturaleza y a menudo podemos atraerlos con un cebo. Conviene recordar que los animales suelen recorrer siempre las mismas rutas y eso facilita aprender sus costumbres. Su tendencia a seguir patrones de conducta también hace que les sea más fácil reconocer cuándo algo ha cambiado en su entorno. Aunque el olor humano no es nada nuevo para un animal, un cambio como una trampa colocada en su zona de paso puede requerir un par de viajes antes de despertar su curiosidad. Debemos estar preparados para esperar e intentar no ponernos nerviosos si una trampa no nos ofrece resultados después de 48-72 horas de haberla puesto.

La dieta de un animal es otro factor importante en el trampeo, porque una trampa con cebo puede ser cien veces más efectiva que una trampa sin cebo que solo despierte curiosidad. Por otro lado, los lazos en los senderos pueden resultar eficaces, pero presentan algunas dificultades que trataré más adelante.

SEÑALES DE ANIMALES

Las **señales** de animales son la clave para eliminar conjeturas cuando vamos a poner trampas: solo hay que poner trampas allí donde hallemos señales. Las señales son todo aquello que el animal deje tras de sí como rastro de su paso por la zona. Existen siete tipos de señales que debemos conocer y que nos ayudarán a identificar especies, hábitos alimenticios y números de población:

1. **Huellas:** Examinar huellas es la forma más fácil de identificar una especie. Esto también puede ayudarnos a concretar la cantidad de población, la frecuencia de paso por una zona e incluso los alimentos preferidos en los casos en los que podemos detectar que un animal está persiguiendo a otro.

2. **Heces:** Los excrementos también nos ayudan a identificar especies, además de darnos pistas del tipo de alimento que el animal busca.

3. **Restos:** Por restos entendemos cualquier rastro procedente del cuerpo del animal, por ejemplo, restos de pelaje en un alambre, una pluma o una muda de piel de serpiente.

4. **Cadáveres:** El cadáver de un animal no solo nos puede servir de cebo o señuelo para otras trampas, también nos puede dar una idea de qué otros animales hay por la zona.

5. **Desechos:** Lo que el animal desecha también nos ayudará a identificar su especie y sus rutas de paso. Por ejemplo, un vertedero de ardillas estará lleno de restos de cáscaras de los frutos

secos que ha comido. Un castor o una rata almizclera dejan tras de sí árboles y ramas masticados.

6. **Madrigueras:** Una madriguera es el hogar de un animal. Puede ser un agujero en el suelo, en la orilla de un arroyo o en el hueco del tronco de un árbol. El tipo de madriguera suele ser un buen indicador de la especie del animal, y tanto su entrada como su salida son un sitio donde colocar trampas.

7. **Olor:** El olor es la señal más difícil de detectar, pero el orín de gato, por ejemplo, tiene un olor muy característico, igual que la carne podrida de la madriguera de un carnívoro, donde puede vivir, por ejemplo, un zorro. Obviamente, a una mofeta la detectaremos por su olor, pero también es posible que identifiquemos otros olores más sutiles.

RECURSOS DE LA CADENA ALIMENTARIA INFERIOR

Los animales de la cadena alimentaria inferior son el alimento que buscan los demás animales. En zonas acuáticas son ranas, cangrejos de río, peces, bivalvos y caracoles. Recolectar estos alimentos para nosotros y reservar una parte de nuestro botín para usarlos en las trampas nos permitirá cazar animales más grandes. Si estamos en una zona no acuática, tendremos que colocar microtrampas para conseguir animales que podamos utilizar como cebo: ratones, ratas y ardillas. También podemos optar por combinar ambas técnicas. Algunos de estos recursos, como los peces de mayor tamaño y las tortugas, nos sirven para una comida completa.

TRAMPAS ACUÁTICAS

Confeccionar redes es una habilidad compleja y dominarla puede llevarnos un tiempo largo, pero existen algunas redes que son fáciles de hacer y manejar, y que funcionan bien. Recordemos que una red, sea del modelo que sea, solo nos servirá para capturar presas que no puedan escapar por los huecos de la red, así que las redes hay que elegirlas en función del animal que queramos cazar.

SALABRE

Un **salabre** es una red sujeta a un aro provisto de un pequeño mango. Podemos introducirlo en el agua para capturar una presa, solo tendremos que levantarlo y sacarlo del agua cuando tengamos la presa dentro. Podemos fabricar un salabre con una rama verde dúctil, que nos permita formar un aro, y colocar una red cerrada por un extremo alrededor del aro, como se ve en la siguiente imagen.

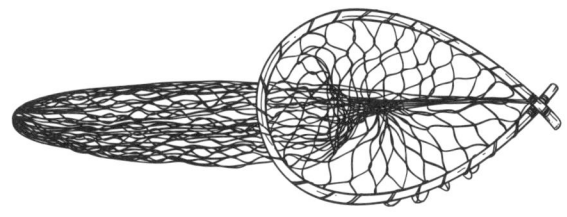

Salabre

RED DE BLOQUEO

Una **red de bloqueo** debe ser lo suficientemente larga como para extenderse de un lado a otro de un arroyo o río pequeño y lo suficientemente profunda como para llegar desde la superficie del agua hasta el fondo. Este tipo de red suele llevar pesos o piedras en la parte inferior y algún elemento de flotación en la parte superior.

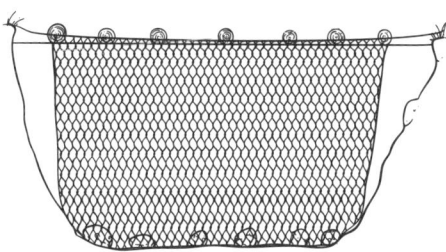

Red de bloqueo

Podemos conducir a los peces hacia la red de bloqueo si andamos por el río y los perseguimos en dirección a la red. Cuando los peces intentan escapar de la red, sus branquias pasan por los huecos de la red, pero no sus cuerpos. Este es un ejemplo claro de por qué es esencial conocer el tamaño de los peces que queremos atrapar, ya que determina el tipo de red más efectivo para capturarlos.

RED DE CERCO

Una **red de cerco** es una red grande con huecos muy pequeños. Podemos pasarla por una zona profunda y suele contar con un par de palos largos en los extremos que sirven para manipular a los peces más pequeños hasta el borde del agua, donde podemos agarrarlos con las manos.

NASA

Una **nasa** tiene un aspecto parecido al de un salabre. Podemos hacerla muy larga y con un diámetro pequeño para pescar peces, o fabricarla con un diámetro grande y colocarla plana sobre el suelo para atrapar animales.

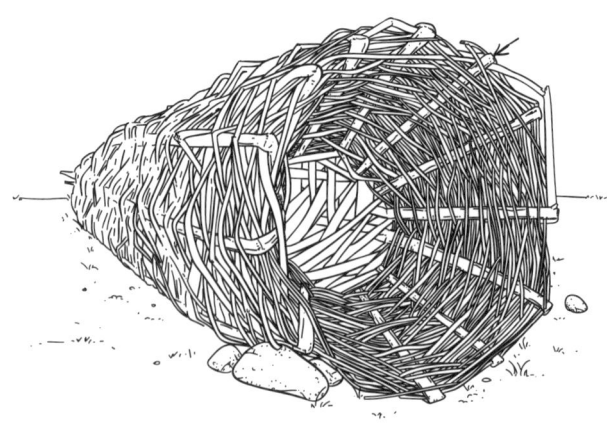

Nasa

CERCAS

Las **cercas** sirven para guiar a los peces hacia un punto concreto del río o a animales como las tortugas hacia un lugar concreto de la orilla. Podemos construirlas con cualquier material que nos ofrezca el entorno, como piedras, palos e incluso troncos. Las **cercas ajustables** sirven para capturar peces en áreas más pequeñas, donde poder cazarlos con un arco o un arpón.

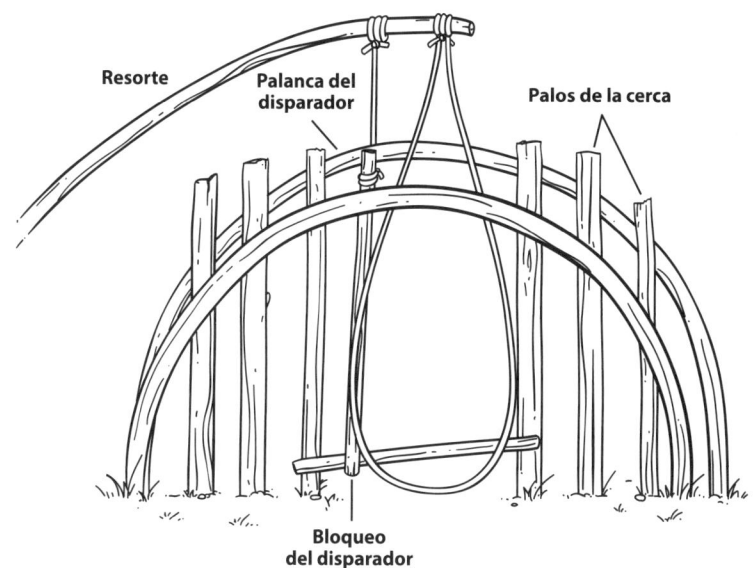

Cerca

EMBUDOS

Los **embudos** son trampas tejidas con materiales naturales, compuestas por dos conos que encajan entre sí para que los peces puedan nadar hacia dentro pero no salir. Basta con atar los embudos entre sí, ambos en la misma dirección, para que nos sea más fácil abrir la trampa. El mismo concepto funciona con una botella de dos litros: hay que cortar la parte de arriba y darle la vuelta hacia dentro para atrapar peces más pequeños.

Este tipo de red se teje como una cesta, y la pieza exterior cuenta con un agujero en la base por el cual los peces acceden al cono de mayor tamaño, donde quedan atrapados.

SEDAL CON DISPARADOR L7

Los **disparadores L7** son muescas invertidas que forman un sistema de liberación rápida. En la pesca, combinan un sedal y una trampa para activar el anzuelo después de que la presa pique el cebo. Un disparador L7 cuenta con un resorte que permite lanzar el sedal a mano desde la orilla con un anzuelo cebado. Cuando el pez o la tortuga pica y pretende llevarse el cebo, se activa el disparador L7, que hace que el anzuelo se clave en la garganta de la presa.

TIPOS DE TRAMPAS PRIMITIVAS

La mayoría de las trampas primitivas funcionan como máquinas simples. De hecho, para construirlas vamos a utilizar algunas de las cinco máquinas simples descritas en el capítulo 3. Conocer bien las herramientas de las que disponemos nos permitirá improvisar una variedad de trampas que se adaptan a las condiciones del entorno y a las posibles presas disponibles. Las trampas de caída siempre cuentan con una palanca y un punto de apoyo, que soportan el peso de la trampa y se sueltan por medio de un disparador que en la mayoría de los casos hace las veces de cebo. Las trampas primitivas están diseñadas en función de tres métodos: estrangular, mutilar o colgar. Muchas de ellas emplean los sistemas de activación o disparo habituales.

TRAMPA DE CAÍDA POR APLASTAMIENTO

Para preparar una trampa por aplastamiento, colocaremos un objeto pesado de modo que uno de sus extremos se apoye en el suelo y que su peso quede sujeto por un disparador. Este disparador liberará el peso de la trampa, que caerá sobre la presa.

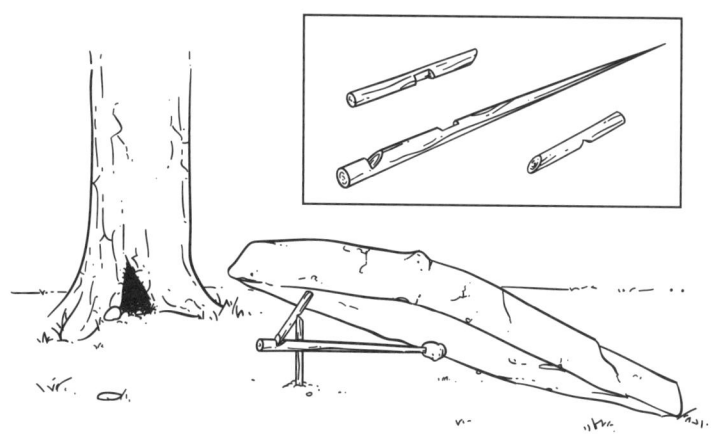

Trampa por aplastamiento

TRAMPA DE CAÍDA EN SUSPENSIÓN

Las trampas en suspensión cuentan con un dispositivo en suspensión que cae en dirección al suelo tras ser activado. Se pueden combinar con pinchos o puntas de lanza para la caza mayor.

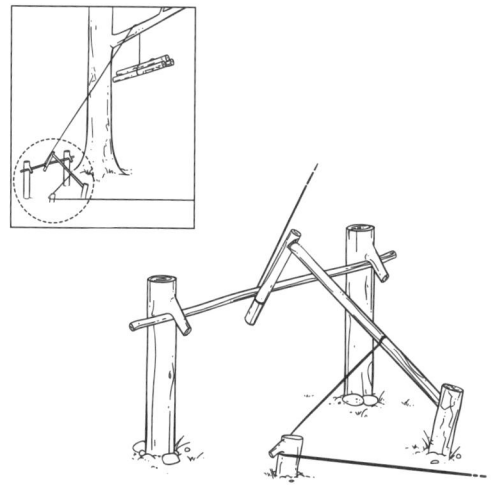

Trampa en suspensión

Las trampas de caída son las más denostadas. Suelen estar mal ilustradas en los libros y los instructores no las enseñan bien. No siempre están pensadas para matar a la presa de manera instantánea; algunas de las trampas de caída para pequeños roedores asfixian al animal. La confusión en torno a la forma en la que muere el animal es una parte del problema. Mucha gente prepara una trampa por aplastamiento levantando el peso en un ángulo muy pronunciado, pensando que así va a tener más fuerza para aplastar al animal. La verdad es que, cuanto mayor es el ángulo de la trampa, mayor es la probabilidad de escapar que tiene el animal antes de que se active la trampa.

Existen dos reglas muy básicas a la hora de utilizar trampas de caída por aplastamiento: la primera es que el peso de la trampa tiene que multiplicar por cinco el peso del animal que queremos atrapar; la segunda, que la trampa nunca debe tener un ángulo superior a 30 grados. Hay que recordar que las trampas y sus componentes siempre deben estar adaptados al tamaño de la presa. Si queremos cazar un pequeño roedor, no usaremos un disparador de 5 cm, porque pesa demasiado para que un animal tan pequeño lo accione o manipule.

TRAMPA DE MOLINETE (KLEPTSY)

Esta trampa utiliza un molinete como dispositivo de enrollado. Esto crea una tensión que se acciona mediante un resorte y que sujeta el dispositivo letal en su lugar, con un cebo. Cuando este cebo se retira, se libera el molinete, que a su vez activa el dispositivo bajo tensión y mata a la presa. Este tipo de trampa utiliza el molinete para asestar el golpe letal o desplegar un pincho que empala a la presa al liberarse el disparador.

LAZO COLGANTE

Las trampas de lazo colgante se sirven de la fuerza que hace el animal intentando liberarse para activar la tensión y mantenerlos atrapados. Suelen ser las trampas menos efectivas cuando se fabrican de manera primitiva; sin embargo, en esta configuración pueden ser muy fiables.

LAZO CON RESORTE

Las trampas de lazo con resorte o contrapeso pueden ser muy efectivas dependiendo de su montaje. Solo necesitan levantar el peso del animal. Recordemos que, si está vivo, un animal hará todo lo posible por escapar y entre sus recursos está mordisquear la trampa. Si el animal está en el suelo, tiene más posibilidades de escapar. La mayoría de las trampas de lazo no atrapan al animal por el cuello, sino por el cuerpo. Los lazos deben prepararse en función del diámetro aproximado de la presa que queremos capturar. Si, por ejemplo, el lazo de la trampa que hemos preparado es un poco más grande que la cabeza de una zarigüeya, nunca nos va a servir para cazar un coyote. De nuevo hay que subrayar la importancia de prestar atención a las señales de los animales, solo así sabremos que estamos preparando la trampa para el animal adecuado.

DISPARADORES DE TRAMPAS

Los **disparadores** están vinculados al conjunto de la trampa y a su configuración operativa. A continuación, se muestran unas ilustraciones sobre los distintos tipos de disparadores y su funcionamiento en una trampa.

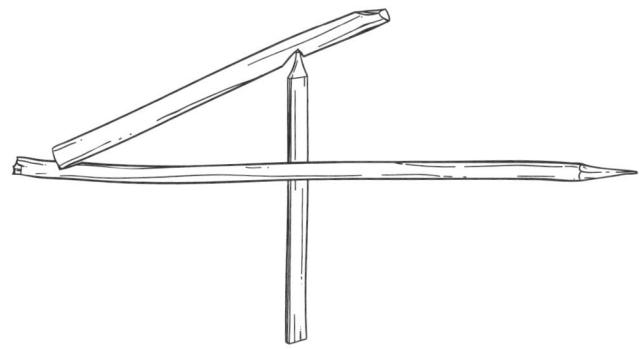

Disparador en 4 y disparador en 4 invertido (modificado)

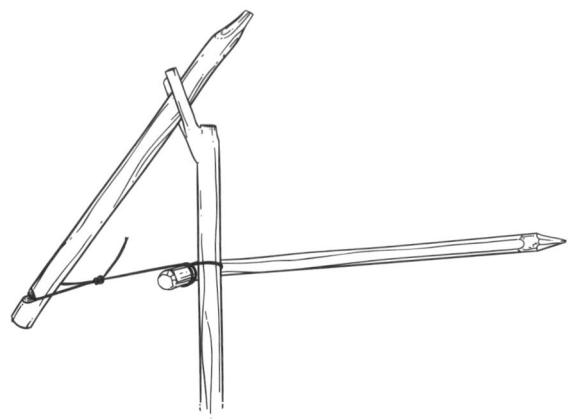

Disparador Piute

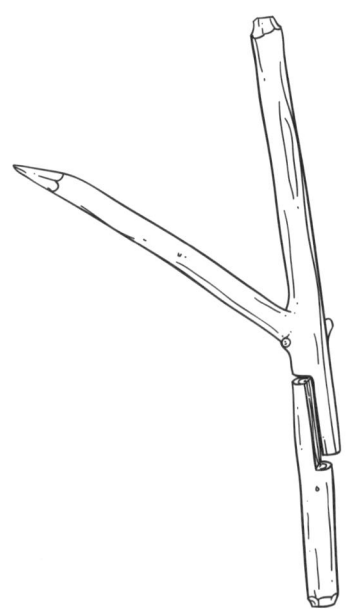

Disparador partido

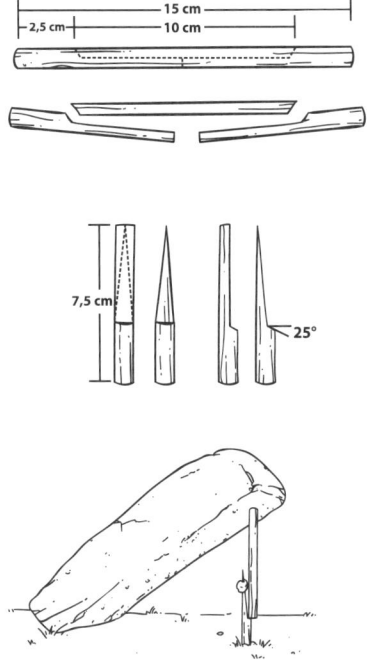

Disparador de aplastamiento

El disparador L7 se llama así porque el propio disparador tiene una muesca en forma de L y la estaca tiene una muesca en forma de 7. Estas muescas encajan como piezas de puzle, y ambas piezas se mantienen en su sitio gracias a la fricción de un dispositivo de resorte que sirve para activar la trampa.

TRAMPAS PARA AVES

Todas las aves de Norteamérica son comestibles y, además, son muy abundantes, lo cual en mi caso las convierte en una buena opción para alimentarme en las estancias largas en el monte. Para atrapar aves, hay tres trampas que funcionan muy bien: los lazos de tierra, las trampas de aves ojibwa y las trampas de tipo jaula.

TRAMPA DE LAZOS MÚLTIPLES

Una simple estaca clavada en el suelo y rodeada de un pequeño montón de residuos puede funcionar bien con un conjunto de lazos de diámetro pequeño para montar una serie de trampas por el suelo. Si añadimos un cebo con el que se alimentan los pájaros, como pequeñas semillas, tendremos una de las trampas más efectivas para aves de tamaño pequeño. Lo más importante que debemos tener en cuenta para montar esta trampa es:

1. Los lazos tienen que ser pequeños y estar hechos de un hilo muy fino.
2. Hay que hacer muchos lazos, por lo menos 25, de un diámetro entre 5 y 8 cm, y cubrir con ellos una zona de unos 60 cm².

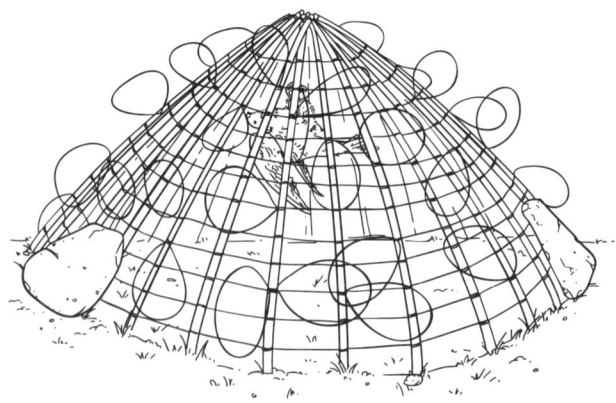

Trampa de lazos múltiples

TRAMPA OJIBWA PARA AVES

La trampa ojibwa utiliza una percha para atraer al ave y que se pose en ella. El peso del ave activa el lazo, que a su vez atrapa al animal por las patas. Para construir esta trampa, lo primero que necesitamos es un poste lo bastante alto como para que un pájaro quiera posarse en él, pero no tan alto como para no poder recuperar la presa una vez esta caiga en la trampa. Afilamos el poste por ambos extremos, lo cual, por un lado, hará que sea más fácil clavarlo en el suelo y, por el otro, evitará que el pájaro se pose en la otra punta —porque también estará afilada— en lugar de en el disparador.

El paso siguiente es hacer un agujero en la parte superior del poste, a unos 5 cm de la punta. Introducimos en él un palito de unos 10 cm de largo. El diámetro de este palito tiene que ser un poco más pequeño que el del agujero, de modo que el palito quede apoyado en el agujero, no fijado. Este palito será la percha donde se posará la presa. A continuación, seleccionamos un trozo de hilo fino que sea la mitad de largo que el poste, y con este hilo haremos el lazo. Es importante que no sea demasiado largo, porque, de lo contrario, el contrapeso quedará apoyado en el suelo en lugar de tirar con fuerza cuando se active la trampa. Hacemos un nudo de tope situado, aproximadamente, a un tercio de la cuerda. Con un nudo ballestrinque haremos un lazo en el otro lado del nudo (el lado largo de la cuerda). Pasamos el hilo a través del agujero del poste y en el otro extremo atamos una piedra del tamaño del pájaro que queremos atrapar. Colocamos el palito de la percha en el agujero por donde hemos pasado el lazo. Esta percha actuará como el disparador, y cuando el pájaro se pose en la trampa, dejará caer la piedra y activará el lazo. Instintivamente, el pájaro se agarrará a la percha cuando se pose sobre la trampa, lo cual hará que el lazo lo atrape por las patas. La clave de esta trampa es que el lazo quede cerca del poste, para que cuando el pájaro caiga en la trampa quede bien sujeto y en posición invertida.

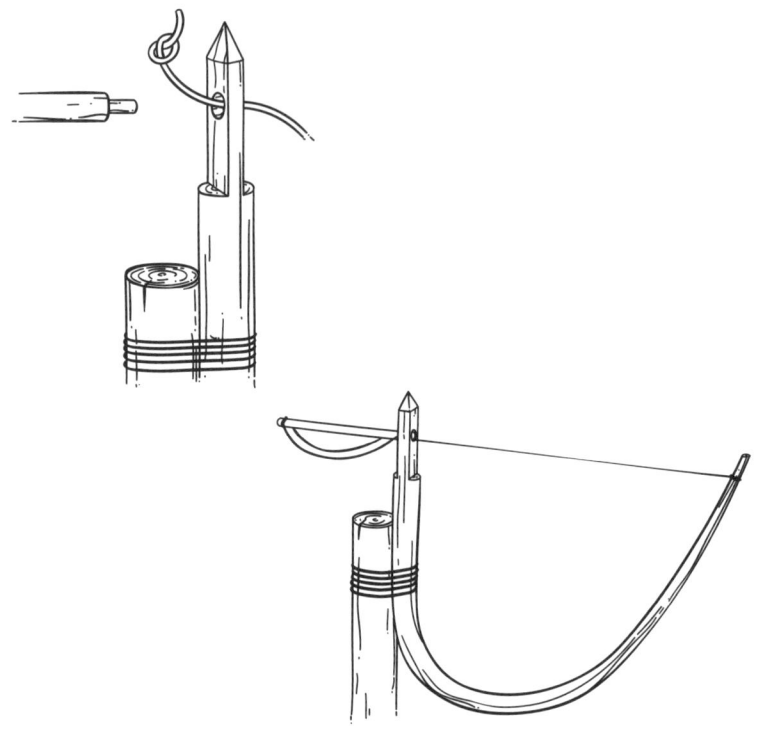

Trampa ojibwa

TRAMPAS JAULA

Antes de construir una trampa de jaula hay que preparar una serie de palitos de diámetro similar, pero de una longitud cada vez más corta, porque la idea es construir una jaula parecida a una pirámide. Procuraremos que los palitos seleccionados sean bastante rectos y que tengan un diámetro aproximado de 1,30 cm. A continuación, cortamos 2 palitos en cada una de las siguientes longitudes: 30 cm, 27 cm, 25 cm, 23 cm, 21 cm, 19 cm, 17 cm y 15 cm. Finalmente, cortamos 6 palitos de 10 cm de largo.

Cogemos los dos palitos de 30 cm y los colocamos en paralelo, a una distancia aproximada de unos 30 cm. Sujetamos un trozo de cuerda entre los dos palitos, a una distancia aproximada de 2,5 cm por los extremos superiores; y sujetamos un segundo trozo de cuerda, igual que el primero, entre ambos palitos, por los extremos inferiores. Acto seguido, damos la vuelta a uno de los palitos para que las cuerdas se crucen y formen una X.

Colocamos los dos palitos de 27 cm debajo de la cuerda, en perpendicular a los palitos de 30 cm, hasta que queden prietos contra la cuerda. Los cuatro palitos tienen que formar un cuadrado. Seguidamente, colocamos los dos palitos de 25 cm por debajo de la cuerda y por encima de los palitos de 30 cm, hasta que queden prietos. A continuación, colocamos los palitos de 23 cm por debajo de la cuerda y por encima de los palitos de 30 cm hasta que queden prietos. Continuamos incorporando palitos por debajo de la cuerda, alternando los lados, como si fuera una cabaña de troncos, hasta que lleguemos a los palitos de 10 cm. Colocamos estos cuatro palitos en fila, uno al lado del otro, para construir un techo en la jaula. Conviene comprobar bien que no dejamos huecos por donde pueda escapar la presa. Si vemos que queda algún hueco, lo tapamos con otro palito de 10 cm.

CONSEJO BUSHCRAFT

Uno de los conceptos clave que hay que tener muy claro en las estancias largas en el monte es que los alimentos «vivos» nunca se estropean. Los pueblos nativos del continente americano lo tenían muy claro, y siglos atrás empezaron a enjaular y criar pavos salvajes y otros animales. Lo importante es que nunca debemos procesar el alimento de inmediato, sino cuidarlo mientras esté vivo. Esto puede ser una gran ventaja cuando hace calor, pero también puede ser un problema si estamos en una zona donde hay depredadores de gran tamaño. Este es un principio muy útil cuando se cazan animales como tortugas o ranas, que pueden guardarse largo tiempo en un saco o una bolsa.

Este tipo de trampa pequeña funciona bien cuando va conectada a un disparador de paso o ruptura, de modo que las aves activan la trampa cuando intentan saltar o esquivar las cuerdas para llegar al cebo colocado en el centro de la trampa. En condiciones idóneas, con este tipo de trampa se puede llegar a capturar hasta diez pájaros en una hora.

LA CAZA

La caza existe desde el principio de los tiempos, cuando era vital para garantizar el sustento de las familias. Es una actividad ancestral que, en la actualidad, la tecnología ha estropeado. Hoy en día damos demasiada importancia a conseguir el arco más veloz y el rifle de mayor alcance con una óptica carísima. Es difícil imaginar que no hace ni doscientos años los indios nativos americanos todavía cazaban búfalos persiguiéndolos a caballo con arcos y flechas. Evolucionar y adaptarse a nuestro entorno es clave en la supervivencia, y en este sentido las mejoras técnicas que ofrece la caza hoy en día tienen muchas ventajas. Sin embargo, también hemos perdido muchas habilidades naturales, como el rastreo y el acecho de presas. Estas habilidades son prueba de una autosuficiencia real. En África ahora mismo hay tribus que persiguen y rastrean presas de caza mayor hasta que el animal cae exhausto, y entonces lo matan con lanzas. A muchos de nosotros esto nos parece cruel e innecesario, pero para nuestros ancestros era algo que formaba parte de la vida. La caza auténtica —detectar y acechar a una presa con armas improvisadas o primitivas— es, con diferencia, la forma más difícil de conseguir carne, pero también es una manera de garantizarnos el alimento mientras nos desplazamos.

CAZA MAYOR Y CAZA MENOR

La cuestión de si optar por la caza mayor, como la del ciervo, o por la caza menor, como la del conejo, siempre depende de la situación. Desde un punto de vista logístico, la caza mayor requiere una gran inversión de tiempo y de energía, tanto para procesarla como para conservarla. La caza menor se prepara fácilmente y se puede comer al momento en caso de necesidad. La caza mayor es mejor opción para situaciones a largo plazo en las que contamos con un campamento base y las condiciones para conservar en óptimas condiciones la carne conseguida.

Otro tema que debemos tener en cuenta son los peligros que entraña la caza mayor. Por ejemplo, es mucho menos probable que nos ataque una ardilla herida que un jabalí herido. La caza mayor, incluso el ciervo, puede suponer un peligro si hay que abatirla de cerca. Otra cuestión importante es el número de animales. Por cada ciervo que veamos en una zona, quizá haya diez conejos y veinte ardillas. Pensemos en la cantidad de pájaros que podemos ver volando a medida que avanzamos por el bosque en comparación con los ciervos u otros animales de caza mayor que logremos divisar.

PALO ARROJADIZO

Muchas culturas, incluso en la actualidad, emplean palos arrojadizos de diversas formas y tamaños para cazar pequeños mamíferos y aves. El **palo arrojadizo** es una de las armas improvisadas más fáciles que podemos fabricarnos y utilizar con eficacia, aunque no tengamos mucha práctica. La mayor ventaja del palo arrojadizo o palo conejero, como también se le llama, es que podemos llevarlo sujeto en el cinturón, lo cual nos deja las manos libres hasta el momento de utilizarlo. La razón de su elevada efectividad es que rota cuando lo arrojamos y eso hace que incluso el tiro más desviado pueda ser efectivo. Pensemos en lo fácil que es darle a una ardilla con una escopeta en comparación con un rifle. Todo es cuestión de superficie.

Los palos arrojadizos suelen tener la longitud de un brazo, desde la muñeca hasta el hombro, y un diámetro de unos 5 cm. Pueden ser rectos o curvos. Es una arma que mata a las presas al infligir un traumatismo contundente, por lo que siempre debe estar hecho con madera dura.

ESTRELLAS APACHES

La estrella apache o estrella arrojadiza es una versión mejorada del palo arrojadizo. La **estrella apache** utiliza dos palos rectos puntiagudos por ambos extremos y atados en forma de X o de cruz. Es un arma que basa su efectividad en la superficie y la rotación, y puede ser bastante efectiva, incluso con animales de tamaño mediano como los mapaches. La mayor desventaja de la estrella apache es que es voluminosa y no es fácil de guardar, por lo que hay que llevarla en la mano mientras andamos.

LANZAS Y ARPONES

Las lanzas y los arpones, que podemos improvisar fácilmente con materiales naturales, funcionan bien como armas. Las puntas de las lanzas las podemos fabricar con madera dura, trozos de piedras afiladas o trozos de cristal también afilados. Hoy en día muchos cuchillos de monte están diseñados para poder utilizarse como punta de lanza en caso de emergencia. Está claro que atar el cuchillo a un palo para usarlo como punta de lanza no siempre es una buena idea. Hay versiones comerciales de arpones, pero lo mejor es fabricárnoslos nosotros mismos. Los arpones van bien para la pesca y la pesca submarina.

CINCHAS

Podemos utilizar cualquier tejido, como una badana o cordaje, para fabricar una cincha que nos permita lanzar una pedrada a una presa, como si la cincha fuera una honda. No es un arma fácil de manejar, debido a las limitaciones que conlleva usar una sola pieza de munición en cada tiro. Su mayor ventaja es que la munición abunda, en forma de piedras semirredondeadas.

TIRACHINAS

El **tirachinas**, en mi opinión, es una de las herramientas de supervivencia más económicas y prácticas, sobre todo a corto plazo. Es posible comprarlo fabricado o construirnos uno nosotros mismos, porque resulta muy barato. Además, tiene la ventaja de que casi nunca nos faltará munición, junto a cualquier arroyo siempre encontraremos piedras para lanzar. El tirachinas no es una herramienta difícil de manejar y no ocupa mucho espacio en la mochila. Si nos interesa reducir el peso al mínimo, podemos llevar solo las gomas e improvisar el mango con materiales naturales que encontremos por el camino.

TRUCOS Y CONSEJOS

1. Podemos utilizar el palo arrojadizo como multiherramienta. Si afilamos y quemamos uno de sus extremos, puede servirnos como palo para cavar y como mazo.
2. Nunca hay que olvidar que los restos animales pueden servirnos como herramientas en caso de necesidad.
3. Cuando preparemos trampas por aplastamiento, siempre hay que recordar que el componente que mata al animal debe multiplicar al menos por cinco el peso de la presa.
4. Un animal siempre nos puede servir de cebo o de señuelo para otros animales; nunca hay que desaprovechar las glándulas y las vísceras de ninguna presa.
5. La mayoría de los animales se sienten atraídos por cebos que son poco comunes en el paraje que habitan. Por ejemplo, si en una zona abundan las moras negras, podemos preparar una trampa para aves con moras rojas, si es que conseguimos encontrarlas. Si el nogal americano, también conocido como pacana, es la madera dura común en la zona donde queremos cazar ardillas, podemos probar a cebar las trampas con nueces en lugar de pacanas.

Capítulo 8

LA CONSERVACIÓN
DE LOS ALIMENTOS

«Cuantas más habilidades de supervivencia haya prac-
ticado una persona, tanto físicas como de otro tipo, más
probabilidades tiene de aprovecharlas en una situación
de emergencia.»

CODY LUNDIN, *98.6 DEGREES:*
THE ART OF KEEPING YOUR ASS ALIVE!

Los bosques del este cuentan con abundantes fuentes de alimento para mantenernos durante nuestra estancia en plena naturaleza. Además de recolectar estos recursos, también es importante pensar cómo vamos a conservarlos. Los seres humanos conservamos alimentos desde tiempos inmemoriales y lo hemos hecho de muchas maneras, desde cocinar una gran cantidad de carne para que nos dure unos cuantos días más que cruda hasta enterrarla en la nieve para que se mantenga fresca. Existen varias formas de conservar la carne y de procesar alimentos vegetales para que nos duren más.

HARINAS

Las harinas vegetales podemos utilizarlas como ingrediente de recetas, comerlas solas o añadirlas a una comida a base de otros cereales. Aunque las harinas de origen vegetal técnicamente no se clasifican como alimentos en conserva, moler frutos como las bellotas es una manera de reutilizar nuestros recursos y prolongar su vida útil.

HARINA DE BELLOTA

La harina de bellota ha sido un alimento básico para muchos pueblos nativos a lo largo de la historia, y en la actualidad la bellota sigue siendo uno de los principales alimentos de los animales del bosque. Su versatilidad la convierte en uno de los mejores recursos alimenticios vegetales que nos ofrecen los bosques del este. Yo suelo preferir las bellotas de roble blanco, porque contienen menos taninos y su sabor no es tan amargo. Los **taninos** de la bellota pueden darle un sabor muy astringente. Es importante que procesemos las bellotas correctamente para que su sabor sea un poco más suave.

Para procesar las bellotas, lo primero que hay que hacer es quitarles la cáscara. Después trituramos las bellotas con una roca o un hacha, y las colocamos en un recipiente con agua: las cáscaras flotarán y la pulpa se hundirá. Desechamos las cáscaras. Como queremos procesar la pulpa en granos finos, lo más finos posible, la filtraremos y le quitaremos los taninos. Para hacerlo, colocaremos la pulpa en agua limpia hirviendo y dejaremos que se cueza hasta que el agua se vuelva de color marrón. Este color lo producen los taninos. Colocamos la pulpa de bellota en un segundo recipiente con agua limpia hirviendo y repetimos el proceso. Hay que procurar que el agua del segundo recipiente ya esté hirviendo cuando le echemos la pulpa, porque si está fría el proceso se revierte. Tendremos que cambiar la pulpa a otro recipiente con agua hirviendo tres o cuatro veces más para que el líquido deje de salir marrón. Cuando la mayoría de los taninos haya desaparecido, el agua se verá limpia. Si no tenemos los utensilios necesarios, podemos lavar la pulpa de la bellota en un arroyo, metiéndola dentro de un saco de tela y dejándola sumergida en el arroyo durante una semana, más o menos. Sin embargo, en este caso el sabor resultante no es tan fiable como el que se consigue con el método del hervido.

Cuando la pulpa está limpia y escurrida, podemos molerla con la ayuda de una piedra e incorporarla en una comida de cereales caliente, como ingrediente para hacer pan o secarla y conservarla para su uso posterior. Si decidimos guardar la harina de bellota para más adelante, cuando vayamos a utilizarla habrá que ponerla en remojo para rehidratarla.

CONSEJO BUSHCRAFT Los taninos que aportan el sabor astringente a las bellotas son un excelente recurso para hacer medicinas y curtidos. Hay que guardar el líquido de la primera cocción para poder utilizarlo después. Los astringentes funcionan mejor para lavados externos o cataplasmas, y la solución resultante también es antiparasitaria.

HARINA DE ESPADAÑA

La espadaña produce la mejor harina rica en almidón que nos ofrece la naturaleza y el proceso de extraerla no es demasiado complicado. Lo primero que hay que hacer es recolectar una buena cantidad de raíces de espadaña y retirarles la tierra. Acto seguido, cogemos la planta por la base del tallo y tiramos para liberar toda la planta con la raíz. Desechamos los tallos y nos quedamos solamente con las raíces. Una vez las hemos lavado y pelado, las colocamos en un cubo con agua limpia y empezamos a romperlas, lo que hará que la harina se separe de las fibras. Continuaremos trabajando así hasta que hayamos separado todas las fibras de las raíces. A medida que vayamos trabajando, la harina se irá quedando en el fondo del cubo. Cuando hayamos terminado, vertemos el agua y depositamos la masa sobre una superficie seca y la dejamos secar al sol. Cuando la harina esté totalmente seca, la guardamos en un recipiente en un lugar fresco y seco a salvo de los insectos.

PAN DE BELLOTA Y ESPADAÑA

2 tazas de harina de bellota
2 tazas de harina de espadaña
2¼ cucharaditas de levadura seca
1½ cucharaditas de sal
⅓ de taza de sirope de arce
½ taza de agua
1 taza de leche
2 cucharadas de aceite vegetal

Mezclamos todo para formar una masa, moldeamos tortas y las echamos sobre la ceniza caliente de las brasas para hacer tortitas de ceniza. Las doramos al gusto, unos 3-4 min por cada lado.

FRUTOS SECOS

Ricos en proteínas, los frutos secos son uno de los recursos vegetales más fáciles de recolectar.

PIÑONES

Todos los piñones son comestibles, así que no hay que preocuparse por identificar diferentes especies. Algunos pinos tienen piñones más grandes que otros y, aunque podemos comerlos verdes, los más maduros son los que mejor saben. El truco está en recogerlos justo antes de que se desprendan de las piñas. Tenemos que buscar piñas que se estén volviendo de color marrón pero que todavía no se hayan abierto del todo. Las colocamos alrededor de una hoguera y el calor del fuego hará que se abran, de este modo podremos recoger los piñones. Cuidado con el moho, que es el principal enemigo de todas las semillas. Guardarlas en un lugar seco es clave.

NUECES PACANAS

Las nueces pacanas son deliciosas y especialmente valiosas porque su cáscara aísla al fruto de la humedad y de los insectos, por lo que se conservan durante mucho mucho tiempo. Mucha gente prescinde de este tipo de nueces porque son difíciles de abrir. A menudo lo que pasa cuando intentamos romperlas es que nos queda una mezcla de pulpa y cáscara. Un truco para abrirlas mejor: hay que aprovechar la estructura interna de la cáscara para romperla de forma limpia. Yo prefiero hacerlo con un hacha, pero cualquier herramienta que nos permita golpearla —incluso una piedra— funcionará.

Damos la vuelta a la nuez, de modo que quede de lado y que la punta afilada quede arriba (básicamente, hay que colocarla sobre el punto en el que se balancea y no se sostiene sola). Acto seguido, damos un golpe en la sutura en un punto situado a un tercio de la base del rabillo. Siguiendo estos pasos, la nuez se abre en tres partes y deja la pulpa bien expuesta.

NUECES

Las nueces, sobre todo las nueces negras, son totalmente diferentes a las nueces pacanas. Si es posible, conviene recolectarlas antes de que se caigan del árbol y guardarlas hasta que se vuelvan negras. Si las recogemos del suelo, tendremos que examinarlas bien y asegurarnos de que no tienen agujeros de gusanos. Cuando se vuelvan negras, retiramos la piel que recubre la cáscara, para utilizarla en preparados medicinales y para teñir. A continuación, rompemos la cáscara para comernos la carne del interior. Las nueces no se conservan tan bien dentro de su cáscara como las pacanas. Si queremos guardarlas para consumirlas más adelante, hay que dejarlas secar para conservarlas y romperlas justo antes de comérnoslas.

FRUTAS, VERDURAS Y HIERBAS

En determinadas épocas del año es fácil encontrar frutos del bosque (grosellas, moras y arándanos) en los bosques del este de Estados Unidos. En las regiones del norte suele haber variedades de mayor tamaño. Los frutos del bosque son muy energizantes y aportan muchas vitaminas y fibra a nuestra dieta.

EN BUSCA DE FRUTOS DEL BOSQUE

Siempre debemos asegurarnos de identificar cualquier baya antes de comérnosla. En caso de duda, no hay que comérsela.

Cuando vamos en busca de frutos del bosque, debemos examinar la zona desde el suelo hasta la altura de nuestros ojos. Tenemos que buscar árboles bajos y arbustos. Muchas de las plantas que producen bayas son plantas trepadoras, también conviene estar atento a este tipo de plantas. Hay que recordar que las plantas que producen bayas están biológicamente diseñadas para protegerse de las aves. A menudo se ocultan debajo de otra vegetación o están provistas de pinchos. Cuidado también con la hiedra venenosa.

FRUTO	DÓNDE BUSCAR	TEMPORADA
Arándano azul	El arándano azul crece en matorrales y su terreno favorito son los suelos ácidos, por lo que a veces se encuentra en estanques secos de castores o en zonas donde haya robles. Crecen especialmente bien en prados soleados.	Florece en primavera. El fruto aparece en junio.
Saúco	Suelo húmedo de bosque, cerca de senderos y en los alrededores de campos.	Florece entre junio y julio, y el fruto aparece desde finales de verano hasta otoño.
Frambuesa	Crece en matorrales, suelen estar en zonas donde les da mucho el sol.	Florece en primavera y da fruto en verano.
Zarzamora	Crece en pequeños grupos de zarzas, cerca de zanjas de drenaje o senderos.	Florece en pleno verano y su fruto se puede comer a finales del verano.

Cereza silvestre	Crece con mucha rapidez a partir de las semillas que dejan caer los pájaros, por lo que suelen encontrarse en los claros de los bosques.	Florece en primavera y da fruto en verano, a veces dura hasta otoño.
Arándano rojo	Crece mejor en suelos ácidos y en zonas pantanosas.	Madura en otoño y suele permanecer en la planta durante todo el invierno.
Fresa	Crece a ras de suelo en cualquier parte.	Florece en primavera y da fruto a principios del verano.
Mora	Se encuentra en los márgenes de los campos y en pleno bosque.	Muy resistente, soporta temperaturas extremadamente frías.
Uva silvestre	Está muy presente en los bosques del este de Estados Unidos, hay varias especies.	Muy robusta y resistente al frío.
Arándano japonés	Esta es una especie invasora y suele crecer en los márgenes de los campos.	Florece a principios de otoño y se vuelve más rica después de las primeras heladas. Es una planta de clima frío.

FRUTA DESHIDRATADA

Preparar fruta deshidratada es la mejor manera de conservarla para consumirla más adelante cuando carecemos de los recursos para conservarla en botes. Es un proceso muy sencillo y no se necesita nada más que mucho sol.

Primero machacamos la fruta y la hacemos puré. Podemos retirar las semillas con facilidad apartándolas de la masa del puré con los dedos. Repartimos el puré sobre una superficie plana, como una tabla de madera para cortar o una roca, y lo dejamos secar al sol durante varias horas. Sabremos que la fruta deshidratada está lista por el brillo que adquiere el puré al secarse del todo. Cuando ya está lista, la guardamos en un sitio fresco a prueba de bichos y de humedad. La fruta deshidratada se conserva un par de meses a temperatura ambiente, pero si se enfría puede durar más tiempo. Se puede comer tal cual, rehidratarla para preparar bebidas o utilizarla como aderezo en los cereales o en recetas para hacer pan.

PLANTAS PARA LA DESPENSA

Son muchas las plantas que nos ofrecen recursos alimenticios almacenables, como semillas, bulbos o condimentos. Estos alimentos pueden procesarse y secarse para su uso posterior.

BULBOS

Los bulbos pueden almacenarse en un sitio fresco y seco toda una temporada. En los bosques hay muchas buenas plantas con bulbos comestibles, como el ajo silvestre. El puerro silvestre también contiene unos bulbos comestibles deliciosos.

RAÍCES Y TUBÉRCULOS

La espadaña cuenta con un tubérculo comestible que también puede almacenarse seco. La saeta de agua (*Sagittaria latifolia*, considerada planta extinguida en España) es otra planta que contiene un tubérculo comestible con alto contenido en fécula. La bardana (*Arctium lappa*) tiene una raíz primaria parecida a la patata y puede almacenarse fácilmente si se conserva seca. La raíz de diente de león (*Taraxacum officinale*) va bien para elaborar bebida y es un buen sustituto del café. También se puede secar y moler, y usarla luego para preparar una bebida caliente. La juncia avellanada (*Cyperus esculentus*) es otra planta de raíces comestibles que suele crecer en las mismas zonas donde crecen la espadaña y la saeta de agua.

CONSEJO BUSHCRAFT

El centro de los brotes de espadaña es un recurso comestible rico en nutrientes y una excelente verdura para añadir a sopas o salteados, como acompañamiento. Los brotes de espadaña se recolectan cuando el tiempo es seco y el suelo no está muy embarrado. Conviene escoger tallos grandes que todavía no hayan empezado a florecer y separar las hojas exteriores del núcleo del tallo. Hay que ir descartando esas capas exteriores hasta llegar al centro, que es blandito. Es un proceso en el que hay que pelar mucho y las manos se nos quedarán bastante pegajosas, pero el producto que vamos a conseguir es delicioso y muy rico en vitaminas. Contiene vitamina C, betacarotenos y potasio.

HIERBAS AROMÁTICAS

La mayoría de las hierbas aromáticas pueden dejarse secar al aire para utilizarlas más adelante. Podemos molerlas y usarlas como especias para darle sabor a la comida y a las infusiones. Algunas de mis hierbas aromáticas favoritas son la semilla de mostaza, la hierba ajera, la menta, la bolsa de pastor y las semillas de acedera.

SAVIAS

En los primeros meses de invierno se puede extraer savia de muchos árboles, pero en los bosques del este de Estados Unidos donde yo vivo los mejores árboles para hacerlo son el arce y el abedul. Este líquido es una bebida muy rica que podemos beber directamente del árbol en una mañana fría. También podemos hervirlo para que se evapore el agua que contiene y convertirlo en jarabe.

SIROPE DE ARCE

El sirope de arce se obtiene al convertir la savia en un líquido dulce y pegajoso, que podemos utilizar para endulzar cualquier alimento o bebida. Se conserva muy bien si lo guardamos correctamente.

Para elaborarlo, una vez recogida la savia, la introducimos en una olla; hay que llenar la olla unos tres cuartos de su capacidad. La ponemos al fuego y esperamos a que hierva para que se evapore toda el agua. El proceso tarda varias horas. Lo más difícil cuando se elabora sirope de arce es saber exactamente cuándo se ha evaporado toda el agua y ha empezado a hervir el sirope. Si esto ocurre, el líquido se quemará. El truco es fijarse bien en el color: el sirope tiene que ir volviéndose dorado poco a poco y después se oscurecerá hasta adquirir el clásico color caoba que tiene este sirope. Cuando ya tenemos el sirope, filtramos el líquido para eliminar cualquier partícula que haya caído en él durante la elaboración. Una vez filtrado, lo vertemos en un bote de cristal o en un recipiente de plástico y lo guardamos en un lugar fresco. En la nevera se conserva hasta seis meses.

AZÚCAR DE ARCE

Con el sirope de arce podemos elaborar un delicioso endulzante llamado azúcar de arce. Para ello hay que hervir el sirope e ir eliminando las burbujas de aire a medida que van subiendo. Si vemos que el sirope empieza a hervir por las paredes de la olla, hay que bajar un poco el fuego. Cuando dejen de aparecer burbujas, retiramos el líquido del fuego y lo vertemos en un cuenco de madera. Lo removemos al menos durante 5 minutos y retiramos cualquier resto de humedad que quede. Acto seguido lo dejamos endurecer. El resultado es un material duro que puede molerse para obtener azúcar. Hay que conservarlo en un lugar fresco y seco.

CARNE

La conservación de la carne, sea cual sea el método utilizado, es un proceso delicado, porque la carne se estropea enseguida, sobre todo si no disponemos de refrigeración. A continuación, vamos a ver algunas formas de conservar la carne de la caza para poder consumirla con seguridad más adelante.

SECADO CON SAL

El secado consiste en eliminar su humedad lentamente, de modo que la parte exterior de la carne no se seque primero. Si la parte exterior se seca demasiado rápido, la humedad puede quedar atrapada en el interior y la carne se pondrá rancia. La humedad es el enemigo número uno de la conservación de la carne, porque favorece el crecimiento de las bacterias. Así, hay dos condiciones ambientales indispensables para poder secar la carne correctamente:

1. Un nivel de humedad igual o inferior al 30%
2. Una temperatura constante varios días seguidos, con poca fluctuación térmica entre el día y la noche

Por esta razón, el invierno en los bosques del este de Estados Unidos no es la mejor época para secar carne al aire libre. Cuidado también si vamos a hacerlo en primavera, porque el clima podría ser demasiado húmedo. También es importante tener en cuenta el tipo de carne que queremos secar. La carne con una elevada concentración de grasa acumula humedad y eso hace que se vuelva rancia enseguida. La mayoría de la carne contiene grasa, pero sobre todo la de los animales que se cazan en invierno. Conviene ser selectivo y desechar la grasa de la carne antes de ponerla a secar. Es más fácil detectar la grasa en los animales de carne roja, como el mapache. En animales como la zarigüeya es más difícil distinguir la carne de la grasa.

Si no tenemos opción de refrigerar la carne en una nevera, habrá que salarla inmediatamente después de desollar al animal. También habrá que retirar todos los tejidos grasos de la carne de los músculos antes de empezar. A continuación, cortaremos la carne en tiras largas y finas, de un tamaño similar, para lograr un secado uniforme. Prepararemos una solución con mucha sal y sumergiremos en ella todas y cada una de las tiras antes de colgarlas a secar.

Solución salina para el secado de carne y pescado
4 l de agua
570 g de sal

Remover la sal hasta que se disuelva en el agua.

Sumergimos las tiras de carne en la solución salina justo antes de colgarlas a secar. Esta solución aportará sabor a la carne, acelerará su secado y mantendrá alejados a los insectos. Las tiras hay que colgarlas en sentido vertical y por el extremo más ancho. Una vez seca, la carne se puede conservar en una bolsa transpirable y se puede comer tal cual está o rehidratarla antes de cocinarla.

SECADO AL SOL

El secado al sol va mejor para el pescado que para la carne, pero el concepto base es el mismo para ambos. De nuevo, la evaporación de la humedad de las capas internas es fundamental para lograr un buen secado. Retiraremos la cabeza y las vísceras del pescado, y lo partiremos por la espina, de modo que el pescado quedará dividido en dos piezas, con la piel. A continuación, cortaremos esas piezas en varios trozos iguales y los pondremos a secar. El pescado suele secarse más rápido que la carne roja, pero igualmente hay que sumergirlo en una solución salada. Dejaremos secar los trozos de pescado sobre una rejilla que podemos construir con dos trípodes y una cruz hechos con palos.

El tiempo que dure el secado depende siempre del nivel de humedad del aire. Sabremos que el pescado está totalmente seco cuando, al doblarlo, se parta. Podemos comprobar si está en su punto doblando una esquina del pescado después de que lleve un día secándose en la rejilla. Si no detectamos crujido alguno lo dejaremos secar medio día más antes de repetir la misma prueba.

CECINA

Podemos preparar **cecina** si añadimos una buena solución salina y algunas especias a la carne y luego la secamos a fuego lento a una temperatura aproximada de 50 grados. Cortamos la carne en tiras finas.

Preparar cecina es diferente del secado con sal, porque en este caso el objetivo es secar la carne a una temperatura elevada durante un período de tiempo. Los cazadores antiguamente utilizaban este método porque no requiere sal ni aliños (si bien tanto la sal como los aliños pueden darle un sabor excepcional) y facilita el almacenamiento y el transporte de la carne. Se comían toda la carne que podían de la presa que habían cazado y secaban el resto, lo cual reducía considerablemente su peso. Si se hace bien, el peso de la carne se reduce a una cuarta parte. Una vez terminado el proceso, la carne debe agrietarse al doblarla, pero no partirse por la mitad, y tiene que estar seca, no húmeda ni grasienta.

AHUMADO EN FRÍO

El proceso de **ahumado en frío** es parecido al de la elaboración de la cecina en tanto que hay que cortar la carne en tiras finas, salarla y secarla a una temperatura elevada. En este caso, sin embargo, la carne se seca a una temperatura inferior a la empleada para hacer cecina: 30 grados. Necesitamos un buen fuego que suelte mucho humo para darle sabor a la carne (y para ahuyentar a los insectos). En la mayoría de los casos, este método tarda entre 12 y 24 horas.

COLGADO EN FRÍO

En invierno, si la temperatura roza los cero grados varios días seguidos, es seguro poner la carne a secar al aire libre, porque la temperatura fría hace que las bacterias no se desarrollen. En este proceso de secado no es necesario quitar los huesos y cortar la carne en tiras, pero sí que es indispensable haber eviscerado al animal y abrirlo bien por la parte de la caja torácica con la ayuda de unos palos para que esta permanezca abierta mientras se seca la carne.

TRUCOS Y CONSEJOS

1. Hay que aplicar el método ITEM (p. 42) al recolectar bayas en el bosque, porque muchas de ellas pueden ser venenosas.
2. A la larga, la escasez de sal puede ser un problema en las estancias largas en plena naturaleza, pero hay que saber que algunas plantas contienen bastante sal y que podemos extraerla hirviéndolas.

Las raíces del nogal americano, por ejemplo, contienen sal. Hay que cortarlas y hervirlas para obtenerla. Cuando el agua se haya evaporado del todo, quedará una sustancia negra: eso es la sal. La sangre de los animales es otro recurso rico en sal y muchos otros nutrientes. Téngase en cuenta que al extraer sal del nogal americano lo que conseguimos es sal mineral, lo que significa que vamos a necesitar mucha cantidad de nogal para obtener muy poca sal.

3. Muchas plantas y sus frutos producen tintes naturales. La frambuesa produce un tinte rojo, la vara de oro da marrón oscuro, la hierba carmín produce un tinte morado y la sanguinaria tiene un color entre naranja y rojizo. Los tintes elaborados con bayas se pueden fijar añadiendo sal al agua, pero la mayoría de los tintes obtenidos a partir de plantas se fijan con vinagre.

4. También podemos fabricar tinta para escribir con esas mismas plantas y tintes, y por lo general el color de la baya indica el color que obtendremos en la tinta. La hierba carmín es la que tiene un aspecto más parecido a la tinta normal. Para fabricar tinta, ponemos a macerar sus bayas (venenosas) en un recipiente, al que añadiremos agua suficiente para cubrirlas, y lo pondremos a hervir. Cuando haya hervido, lo apartamos del fuego, le echamos una cucharadita de sal y, si tenemos, una cucharadita de vinagre, y lo coceremos durante 15 minutos. A continuación, lo mezclaremos bien para que los ingredientes se diluyan y luego filtraremos el líquido y lo guardaremos en un recipiente o en una botella que podamos cerrar bien. Cualquier pluma grande de ave que encontremos por ahí puede servirnos como pluma para escribir.

5. Cualquier cosa que fermente puede convertirse en vinagre. Si necesitamos vinagre para fijar el color de un tinte, podemos preparar una mezcla con bayas silvestres, taparla y dejarla fermentar (se convertirá en alcohol). Si luego la dejamos un par de semanas al aire libre, se convertirá en vinagre.

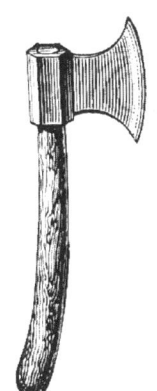

— Capítulo 9 —
CONSERVACIÓN DE PIELES, CURTIDO Y REPARACIÓN

«Quien acuñó el dicho "Más vale prevenir que curar" debió de pensar en la supervivencia.»

BRIAN EMDIN, SURVIVAL SECRETS

Si durante el tiempo que pasemos en plena naturaleza tenemos planeado cazar y trampear, puede que nos resulte útil aprovechar las pieles de los animales que cacemos para fabricarnos recursos adicionales. En este capítulo explico los métodos de extracción, lavado y secado de las pieles, y también cómo utilizar las pieles conservadas.

PIELES PEQUEÑAS

Las pieles de animales pequeños, como el conejo, la rata almizclera y el zorro, son fáciles de manipular y se pueden manufacturar rápidamente. Acostumbran a ser demasiado finas para confeccionar prendas de vestir, pero van muy bien para fabricar pequeños bolsos, zurrones, carcajes y manguitos.

DESCAMISAR

Llamo descamisar al método por el cual separamos la piel del cuerpo del animal, es un método que funciona bien con presas pequeñas. Retiramos la piel de arriba abajo en una pieza continua, casi como si fuera un tubo.

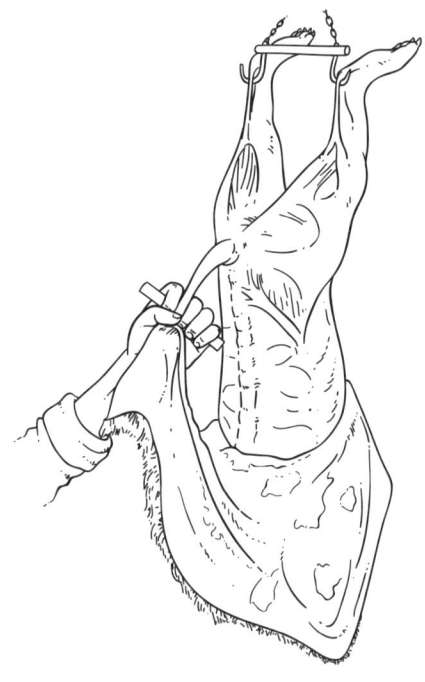

Descamisar

DESCARNAR Y SECAR

Descarnar es retirar toda la carne y las membranas de la parte interna de la piel. Los cueros descamisados se secan muy bien en una **viga de descarnado,** que se puede construir fácilmente con un tronco grande y un trípode. Para construirla, buscaremos un tronco de unos 20 cm de diámetro y le quitaremos toda la corteza. Con el trípode elevaremos el tronco por uno de sus extremos. Este proceso es esencial, porque la carne que quede en la piel se volverá rancia. Si queremos una piel sin pelaje, para, por ejemplo, fabricar cuero, entonces tenemos que arrancar el pelaje durante el proceso de descarnado o bien sumergir la piel en agua con ceniza un par de días, para luego poder arrancarlo.

Cuando ya hemos retirado toda la carne, podemos improvisar un pequeño tendedero para secar totalmente la piel. Se pueden comprar tendederos de alambre, pero también podemos construirlos con ramas de árbol joven, que son muy flexibles.

PIELES GRANDES

Las pieles de presas grandes, como los ciervos, podemos partirlas y coserlas para confeccionar piezas más complejas, como prendas de ropa y lonas para refugios.

DESUELLO PARTIDO

La manera más efectiva de desollar una presa grande es partir la piel. En este proceso se cuelga a la presa bocabajo y se le practica un corte en el vientre para abrir la piel con las tripas hacia fuera. A continuación, se practica otro corte en las dos patas traseras, por la parte interior, entre el ano y el pene, y a continuación se tira de la piel de arriba abajo, como si le quitásemos una camiseta a la presa.

CONSEJO BUSHCRAFT

Los cuchillos de descarnar van bien para descarnar una piel grande. Tienen un filo romo y duro, y se pueden comprar en tiendas especializadas. Otra opción es utilizar un hueso partido de la propia presa.

Cuando la piel ya está descarnada, hay que extenderla sobre un soporte cuadrado. Podemos construir uno con ramas jóvenes y robustas, debe ser al menos un tercio más grande que la piel que vamos a extender sobre él.

Para extender la piel, se hacen unos agujeros con el cuchillo en los extremos de la pieza, aproximadamente a 1,30 cm del borde, de modo que la piel pueda secarse sin desgarrarse. Podemos utilizar cualquier tipo de cuerda para pasarla por estos agujeros y extender la piel sobre el soporte. Es importante conservar la forma original de la piel cuando la extendamos.

PIELES SIN CURTIR

Una vez que hemos descarnado y secado la pieza y le hemos quitado el pelaje, lo que tenemos es la piel sin curtir. La piel sin curtir puede servir para varios propósitos.

PRODUCTOS DE PIEL SIN CURTIR

La piel sin curtir o piel cruda es un recurso increíble. Podemos mojarla, darle forma y, cuando se seque, quedará tan dura como el plástico. Es posible utilizarla para fabricar desde recipientes hasta fundas para cuchillo. Muchas tribus nativas de Norteamérica de la frontera oriental usaban sobres y unas bolsas llamadas *parfleches,* todo ello confeccionado con piel sin curtir, para transportar todo tipo de cosas, como cecina, suministros o prendas de ropa. También podemos cortarla a tiras con tijeras como si fuera cuero. Incluso podemos clavar un cuchillo o un hacha afilados en el tocón de un árbol y pasar la piel por la hoja para partirla en dos piezas. Estas tiras nos pueden servir luego para amarrar cosas, para hacer cuerdas de arco o incluso para hacer cordones si las cortamos bien finas.

CURTIDO

A partir de la piel cruda podemos dar un paso más y adentrarnos en la artesanía del curtido. Para empezar, hay que mojar la piel para que sea flexible, pero no hay que humedecerla en exceso, la idea es que no tengamos que escurrirla para eliminar el agua sobrante.

CURTIDO CON CEREBRO

Para curtir la piel de una presa se necesitan taninos, que podemos obtener del cerebro de la presa. Para ello se calienta agua en una olla sin que llegue a hervir, cortamos un pedacito del cerebro de la presa y lo mezclamos bien en el agua para que se convierta en una especie de pasta. Cuando la pasta está lista, frotamos con ella la piel, como si fuera una crema hidratante. Si hemos decidido dejar el pelaje en la piel, la pasta la pondremos por el lado donde no hay pelo. Una vez la pasta haya penetrado bien en la piel, hay que doblar la pieza y conservarla en un lugar fresco durante 24-48 horas. Durante este tiempo el curtido hará su trabajo.

Después de dejar la piel en reposo durante el tiempo indicado, llega el momento de desbastar la piel. Este proceso elimina cualquier resto de humedad para que la piel empiece a secarse. Se extiende la piel en el soporte o en la viga de secado y se le pasa un rascador sin filo. Cuando la piel esté seca, habrá que estirarla y romperla a mano. Podemos atar una cuerda entre dos árboles y colocar la piel encima o colgarla de una estaca sin filo para que las fibras empiecen a romperse. Cuando la pieza ya esté totalmente seca tendremos listo el cuero con el que confeccionar prendas de vestir.

Es importante que impermeabilicemos el cuero, de lo contrario se volverá duro cuando se moje. Para impermeabilizarlo se construye un trípode sobre una pequeña hoguera que eche mucho humo, pero que no emita mucho calor. Se coloca la piel sobre el fuego, en el trípode, para que se sature totalmente de humo, y se deja así un par de horas. Durante este proceso la piel se oscurecerá. Hay que tener mucho cuidado para que la piel no se caliente en exceso ni se queme.

Como se puede ver, fabricar cuero es un proceso muy laborioso. Mantener varias pieles en proceso en diferentes etapas facilita las

cosas. En todo caso, siempre hay que contar con algún tejido sintético por si lo necesitamos a corto plazo.

CURTIDO CON CORTEZA

El curtido con corteza es un procedimiento muy complejo, y no
resulta muy práctico si pretendemos viajar ligeros en plena naturaleza. Sin embargo, lo menciono porque mucha gente cree que es la
única manera auténtica que hay para curtir piel. Es un método muy
antiguo importado por los colonos europeos, y lo más complicado
es el tiempo que requiere, además del tamaño de los recipientes
necesarios para llevarlo a cabo.

Este método emplea los taninos de árboles como el nogal y el
roble blanco para curtir la piel. Se hierve una gran cantidad de corteza en tres grandes tandas, con concentraciones variables, de más a
menos fuerte. La primera tanda usa una concentración muy fuerte,
que se vierte en un recipiente de 55 l. La segunda tanda, en una concentración algo más baja que la primera, se vierte en otro recipiente
grande. La tercera tanda, la más floja en cuanto a concentración, se
prepara y se vierte en un tercer recipiente grande. Estas cantidades
son para una piel del tamaño de un ciervo, por ejemplo.

A continuación, sumergimos la piel en el primer recipiente y la
dejamos allí un par de semanas. Durante los primeros días hay que
removerla a menudo y los días siguientes hay que hacerlo varias
veces al día. Seguidamente, la piel se introduce en el segundo recipiente, donde pasará cuatro semanas y la frecuencia de removido
será la misma. Finalmente, la piel se sumerge en el tercer recipiente
durante doce semanas. A estas alturas el invierno ya habrá terminado, y todavía faltará engrasar la piel, secarla, romper las fibras e
impermeabilizarla. Como se puede ver, aunque el curtido con corteza produce el mejor cuero, es una tarea que conlleva muchísimo
trabajo.

REPARACIÓN Y CONFECCIÓN DE PRENDAS

En las estancias largas en plena naturaleza las prendas de ropa tienen que repararse sí o sí. El principal propósito de las prendas es protegernos de los elementos y del entorno; si están dañadas, no podrán cumplir bien su función y con el tiempo se estropearán más. En *El ABC del bushcraft* vimos lo importante que es contar con una aguja de coser velas e hilo para posibles remiendos en las prendas de vestir. Sin embargo, en las estancias más largas vamos a necesitar útiles de costura más especializados: hay que incluir en la equipación un par de agujas, varios hilos, unas tijeras pequeñas y un poco de tela para hacer parches. No solo debemos tener en cuenta las reparaciones, también hay que pensar en confeccionar prendas nuevas en caso de que las viejas no se puedan reparar. Veamos a continuación el material que necesitamos.

MINIKIT DE COSTURA

- Tres agujas de coser velas, de diferentes tamaños
- Varios metros de hilo o de sedal del n.º 6 o del n.º 8

KIT DE COSTURA COMPLETO

- Varias agujas de coser velas, de diferentes tamaños
- Varias agujas de coser cuero, de varios tamaños
- Un punzón de pespunte con agujas de repuesto
- Varios tipos de hilo, desde hilo encerado hasta hilo de nailon
- Tijeras
- Cizallas, para cortar los materiales de mayor grosor
- Palma de velero
- Un mazo pequeño
- Cera de abeja
- Cinta métrica
- Varios retales de tela de lona, lana y algodón

PUNTOS DE REMIENDO

Veamos algunos de los puntos básicos más útiles para remendar todo tipo de prendas.

PUNTADA DE BLOQUEO

Una **puntada de bloqueo** sirve para reparar rápidamente agujeros a lo largo de una costura en prendas de materiales duros, como la lona y la piel. Lo más fácil para hacer una puntada de bloqueo es hacerla con una herramienta de costura llamada cortapuntadas, pero también se puede hacer manualmente. Sea cual sea el largo de la puntada necesaria, vamos a necesitar el doble de hilo. Perforamos el primer agujero y pasamos la mitad del hilo al otro lado de la tela. Con el hilo que nos queda, hacemos un bucle cerca del agujero por el que acabamos de pasar la aguja. A continuación, pasamos la aguja, junto con el hilo, por el bucle y tiramos fuerte del hilo. Repetimos el mismo procedimiento varias veces y, al terminar, todas las puntadas de bloqueo nos habrán quedado en un lado de la tela. Para finalizar, aseguraremos las puntadas con una puntada doble y unas cuantas puntadas en sentido inverso.

PUNTADA CORRIDA

La **puntada corrida** puede servir para reparar costuras y dobladillos en telas más finas, como las de algodón. Es una puntada simple, en la que el hilo entra y sale, espaciada, que atraviesa de un lado al otro de la tela sin bloqueo. Esta puntada nos sirve para unir piezas de una prenda, como, por ejemplo, unas mangas a una camisa.

Puntada de látigo

La **puntada de látigo** se usa para coser costuras y envuelve el pliegue de la tela en sentido espiral, enrollando el material a medida que va avanzando la línea de la puntada y creando un ribete. Es muy útil para unir dos piezas separadas y para rematar bordes de lonas y costuras de chaquetas. Es ideal para los materiales más robustos, como pieles curtidas y mocasines.

COSTURA AL CABALLETE

La **costura al caballete** se usa sobre todo en los materiales más robustos, como el cuero. Para coserla se necesitan dos agujas, una en cada extremo del hilo o cuerda, que pasan por el mismo agujero en sentido opuesto para así crear una puntada corrida cerrada. Para utilizar este tipo de puntada conviene contar con una aguja que no sea de punzón y agujeros preperforados, de este modo el hilo pasará fácilmente por la tela sin romperse.

PATRONES BÁSICOS

Veamos a continuación algunos patrones básicos que podemos utilizar para confeccionar y remendar prendas.

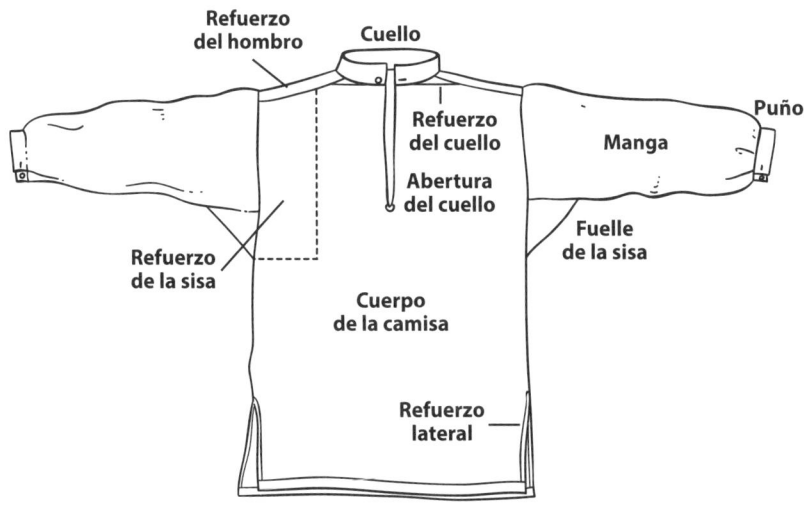

Patrón básico de camisa

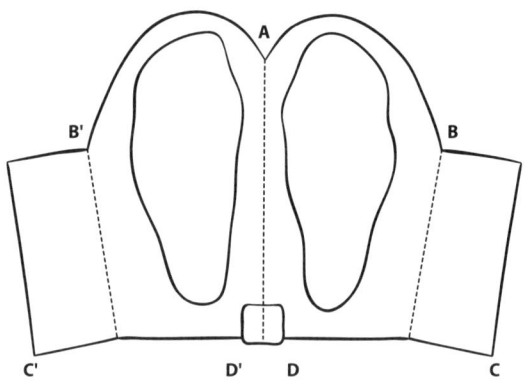

Patrón de mocasín

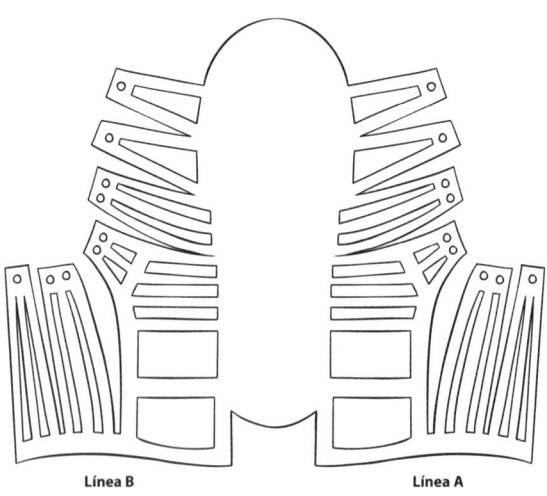

Línea B   Línea A

Sandalia romana

TRUCOS Y CONSEJOS

1. Para secar el pelaje en la piel descarnada, lo mejor es darle la vuelta cuando la parte descarnada esté casi seca pero todavía no esté dura.

2. Retirar el pelaje es más fácil si humedecemos la piel durante varias horas en una solución de agua y ceniza de madera dura.

3. Los patrones de camisas se pueden modificar fácilmente para crear una prenda más larga, como un camisón. Después podemos dividirlo por el centro para crear un capote.

4. Los mocasines se gastan enseguida, por lo que conviene confeccionar la suela con la piel más gruesa que tengamos y, además, coserle una capa adicional por fuera, siempre que sea posible.

5. Toda piel sobrante de cualquier proyecto hay que cortarla a tiras, para tener siempre tiras de repuesto y no malgastar nada.

— Capítulo 10 —
TRABAJAR
LA MADERA

«Dadme seis horas para talar un árbol y dedicaré las primeras cuatro a afilar el hacha.»

ABRAHAM LINCOLN

Saber trabajar la madera es una de las habilidades fundamentales que debe tener todo buen *bushcrafter*, porque nos permite aprovechar al máximo el mayor recurso natural que el entorno nos ofrece. Para nuestros ancestros, trabajar la madera era sinónimo de *bushcraft*. Siempre que contemos con las herramientas de metal adecuadas y conozcamos bien los distintos tipos de madera, seremos capaces de fabricar todo aquello que necesitemos para sobrevivir un período largo de tiempo en plena naturaleza. Antiguamente, el sustento de una familia podía depender de su destreza para construir tejas, estacas, escobas, cepillos y sillas con madera, y lo que no se utilizaba en casa se intercambiaba por comida y provisiones.

HERRAMIENTAS

A continuación, vamos a ver algunas de las herramientas más importantes para trabajar la madera que debemos incluir en nuestra equipación.

HACHA DE TALA

Un hacha de tala es un hacha un poco más grande que el modelo normal de hacha. La cabeza de este tipo de hacha suele pesar, como mínimo, 1,5 kg y el mango mide unos 90 cm de largo. Es la mejor herramienta que hay para cortar trozos de leña grandes.

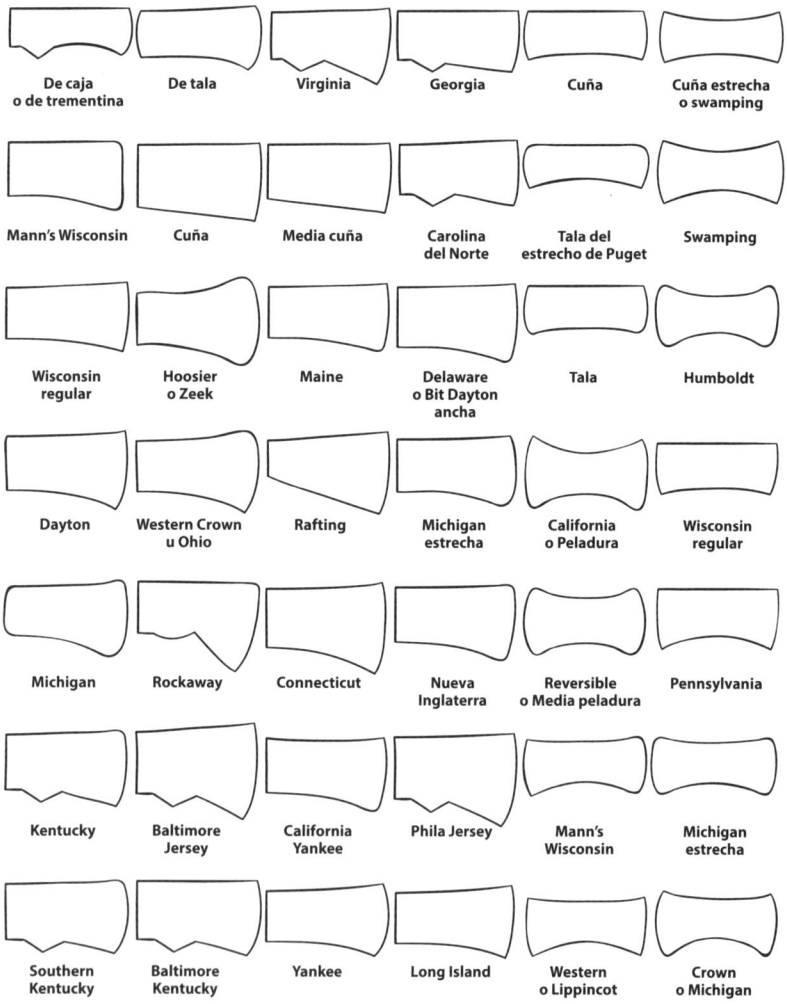

Tipos de hacha de tala

HACHA ANCHA

El hacha ancha es la herramienta más adecuada para retirar cualquier resto de material de un tronco. Solo hay que afilarla por un lado para poder utilizarla como un cincel. Las hay de varios tamaños, algunas tienen cabezas con poco peso y mangos cortos, mientras que otras son muy grandes. Yo sugiero llevar un hacha ancha pequeña y complementarla con una azuela.

AZUELA

La azuela sirve para aplanar las caras de los troncos y rectificar las caras planas. En algunos casos podemos utilizar una azuela en lugar de un hacha ancha, ya que nos permite trabajar troncos de tamaños similares, pero es una herramienta más versátil. Una azuela curva puede servirnos para muchas tareas de talla a gran escala, como ahuecar cuencas grandes o cavar zanjas.

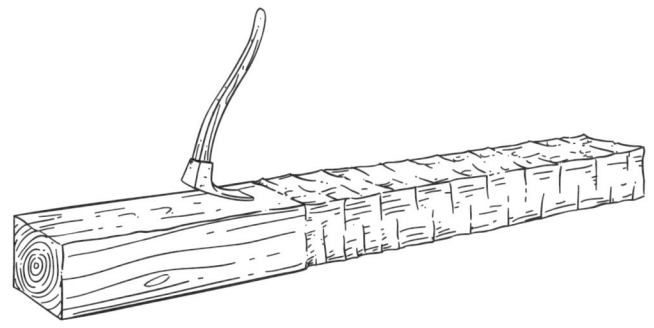

Azuela

HENDEDOR

Un hendedor es una hoja larga y plana provista de un mango vertical. Esta herramienta sirve para dividir la madera a lo largo de la veta y cortar piezas planas, como tablas y tejas.

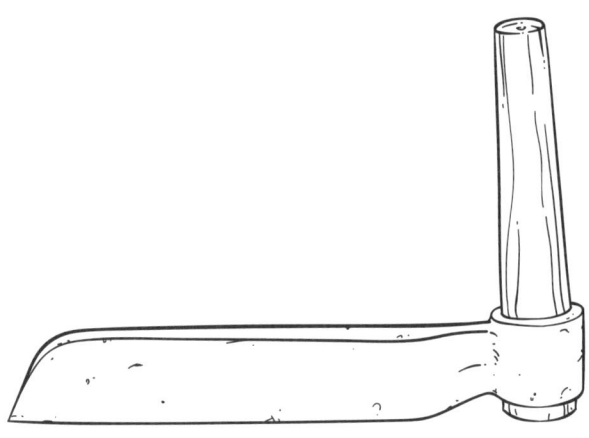

Hendedor

BASTREN

El bastren es una herramienta muy práctica para quitar la corteza de un tronco, y también podemos utilizarla para darle forma a la madera después.

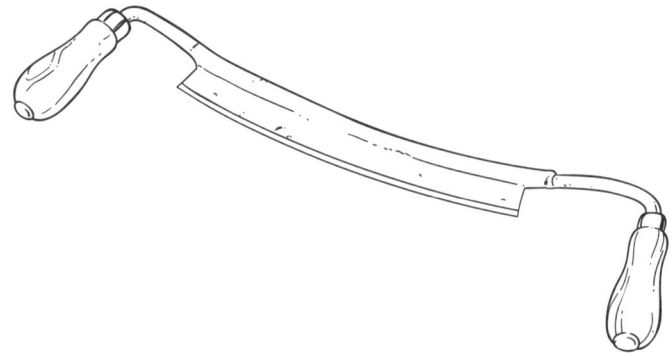

Bastren

SIERRA DE ARCO

Una sierra de arco grande nos servirá para serrar troncos grandes cuando queramos fabricar tejas y tablillas. Es también una herramienta muy útil para serrar leña para el fuego. Personalmente, recomiendo las sierras de arco de 91,5 cm.

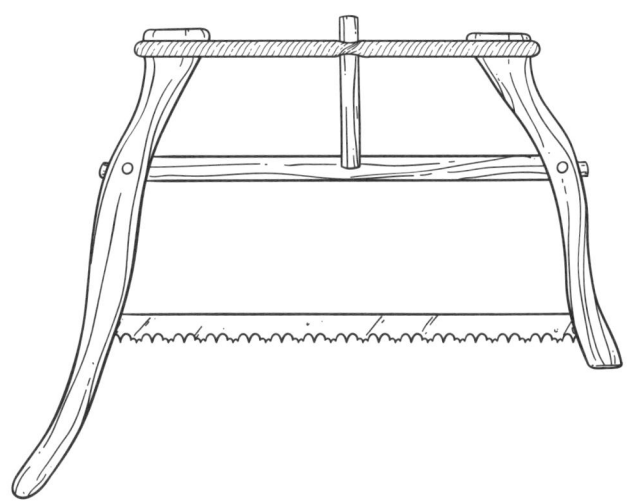

Sierra de arco

TENSOR DE TRONCOS

Un tensor de troncos es una pieza metálica en forma de U. Los lados de la U forman un ángulo recto, lo cual hace que la U se vea cuadrada. Los tensores de troncos sirven para asegurar un tronco de modo que no salga rodando mientras trabajamos en él. Para utilizarlos, hacemos dos muescas en V en dos troncos más pequeños y colocamos encima de ellos el tronco que vamos a trabajar. Las muescas en V sostendrán el tronco. A continuación, colocamos los tensores de troncos con una maza, de modo que un extremo del tensor quede en el tronco en el que vamos a trabajar y el otro en uno de los troncos de apoyo, formando un ángulo.

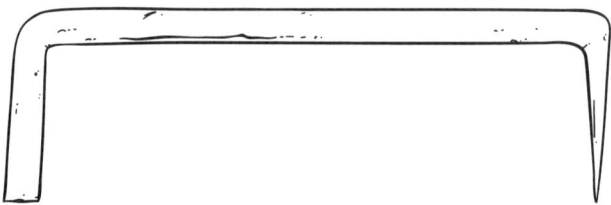

Tensor de troncos

MADERA DIMENSIONAL

A menudo resulta mucho más fácil trabajar con **madera dimensional**. La madera dimensional es madera cortada según unas medidas específicas —por ejemplo, 5 × 10 cm— de modo que podamos utilizarla para la construcción. En el monte podemos fabricarnos nuestra propia madera dimensional con la ayuda de unas sencillas herramientas y un hacha grande.

CÓMO EXTRAER MADERA DE UN ÁRBOL

Lo primero es escoger un tronco para nuestro proyecto y colocarlo en el suelo, en nuestra zona de trabajo. Para asegurarnos de que no se nos vaya rodando, lo sujetaremos con dos troncos pequeños y tensores de tronco en cada extremo. A continuación, hay que partir el tronco o cuadrarlo. Se empieza quitando la corteza de un extremo al otro para conseguir el grosor necesario. Cuando lo estemos cuadrando, hay que imaginarse que la parte delantera del tronco es un tocón, esto nos dará una idea de la profundidad que debemos darle al primer corte.

Retiramos la corteza y trazamos una línea de extremo a extremo, con la ayuda de un hilo recubierto de carbón, para que deje una marca visible de por dónde hay que cortar. Se empieza haciendo una serie de cortes en V con el hacha, con una separación entre ellos de unos 30 cm por esa línea de corte que hay marcada en la cara del tronco. Estos cortes en V tienen que cubrir todo el tronco a lo largo. Acto seguido, hay que retirar estas piezas de 30 cm con el hacha. Al terminar el trabajo, nos queda una superficie plana y rugosa en uno de los dos lados del tronco. Después se retiran los tensores, se le da la vuelta al tronco, de modo que el otro lado quede mirando hacia arriba, y se vuelve a sujetar con los tensores. Podemos utilizar una azuela para cuadrar la superficie. Este proceso se repite tres veces más para obtener una pieza de madera cuadrada.

Cómo procesar la madera dimensional

BANCO DE CARPINTERÍA

El banco de carpintería original fue, en realidad, un simple tocón que llegaba más o menos a la altura de las rodillas. Parece un recurso menor, pero en realidad nos da una superficie plana y estable sobre la cual cortar, trocear y dar forma a cualquier pieza con una herramienta manual.

El tornillo de banco que he mencionado antes ofrece varias ventajas y puede utilizarse de varias formas diferentes. Muchos de estos también se utilizan como troncos de desmoche, con un corte en V en sentido horizontal y un corte ancho por debajo de la V, que funciona como un canal para guiar la colocación del siguiente corte. Los materiales más pequeños pueden colocarse dentro de este canal y cortarse a medida, y también nos sirve como guía para serrar leña para el fuego, por ejemplo.

Con el tiempo, la construcción de estos bancos de carpintería ha evolucionado, y ahora ya incluyen patas, lo cual hace que resulten más cómodos para sentarse, pero menos prácticos a la hora de colgar herramientas y cortar madera.

BANCO DE CAMPESINO

Este banco de trabajo tan simple es un tronco a medio cortar o una tabla plana con tres o cuatro patas incorporadas. Con el tiempo se convirtió en lo que hoy conocemos como banco de carpintero. Algunos bancos de campesino incluían un trozo de cuerda que daba la vuelta al banco y servía para sujetar la pieza que se trabajaba, cuerda que a su vez se sujetaba con el pie en el suelo para trabarla.

ESCOBA

Antiguamente, las escobas se hacían con distintos materiales. Podían ser tan simples como una escobilla de mano para limpiar la chimenea o una escoba con mango largo para barrer la cabaña. Hoy en día en Estados Unidos las escobas rústicas todavía se fabrican con madera de avellano y un manojo de ramitas de sauce. En los bosques del este las ramitas de aliso y de abedul van muy bien para hacer escobas, y, si hay posibilidad de acercarse a un campo abierto, una escobilla hecha de hierbajos largos es un batidor ideal. Existen varios métodos para construir una escoba rústica, pero el más fácil es el que voy a describir a continuación. Necesitamos el siguiente material:

• Un trozo de cuerda resistente de 3 m de largo
• Una buena rama fuerte, presecada, de árbol joven de madera dura (como el arce, por ejemplo) de 1,20 m de largo
• Una buena cantidad de ramitas para la cabeza de la escoba, que nos quepa en la mano de modo que el dedo pulgar y el dedo corazón se toquen al cerrar.

Alineamos las puntas de las ramitas de la cabeza de la escoba y las recortamos a la medida deseada. Incluso podemos cortarlas en ángulo si queremos una escoba con la cabeza biselada. Una vez recortada la cabeza, hay que atarla. La mejor forma de hacerlo es enrollar la cuerda alrededor de otro palo en el que podamos apoyarnos para ejercer tensión sobre la cabeza mientras vamos enrollando la cuerda. Vamos soltando un poco de cuerda cada vez, levantando un poco la tensión que ejercemos con el pie. Empezamos con un nudo de carpintero y damos varias vueltas a unos 10 cm de la parte superior de la cabeza. Terminamos con un nudo ballestrinque. Después bajamos la cuerda unos 5 cm y volvemos a enrollarla como hemos hecho antes. Preparamos el mango de la escoba afilando la punta del palo y lo introducimos por la parte afilada en la parte superior de la cabeza de la escoba, golpeándolo con un mazo de madera hasta que pase la segunda vuelta de cuerda. Así, tenemos una escoba que nos puede durar varios meses.

SUSTITUCIÓN DE MANGOS DE HACHA Y DE HERRAMIENTAS

En las estancias largas en plena naturaleza al final es inevitable que los mangos de madera se rompan o se estropeen. Por esta razón hay que saber fabricarlos y cambiarlos, porque así alargamos la vida útil de nuestras herramientas.

La madera preferida para hacer mangos rectos para herramientas es la del nogal americano. Para hacer mangos curvos, la mejor madera es la de fresno. Para los mangos cortos o los mazos, la madera ideal es la de arce.

Los mangos suelen fabricarse con madera verde. Si hay **duramen** en el interior del mango lo que puede ocurrir es que el mango se deforme durante el proceso de secado y curado. También se contraerá un poco, por lo que a la hora de fabricarlos hay que hacerlos un poco más anchos. La madera verde tarda varias semanas en secarse del todo antes de que podamos darle forma al mango e incorporarlo a la herramienta.

MANGOS DE HACHA

Los mangos de hacha son el elemento más habitual que hay que reemplazar en el campamento. Si sabemos fabricar un buen mango de hacha, nos será fácil fabricar cualquier otro tipo de mango. A lo largo de la historia los mangos de hacha siempre habían sido rectos, pero recientemente se ha debatido mucho sobre la importancia que tiene un diseño curvo en la forma de los mangos. Los mangos curvos van muy bien para según qué tipos de hojas, pero, dicho esto, no hay necesidad de complicar las cosas a menos que uno quiera. Un mango recto funciona perfectamente, pero podemos experimentar para ver qué diseño nos gusta más y nos resulta más cómodo. En mi caso, yo prefiero los mangos rectos para el hacha grande y los mangos ligeramente curvados para mi hacha de tallar. Todos los mangos tienen un corte transversal de forma ovalada, de modo que se ajustan muy bien a la mano. Los mangos largos tienen que ser finos, para que, cuando blandimos el hacha, el peso vaya todo hacia la cabeza. Los mangos cortos tienen que ser más gruesos, para asegurar un buen agarre.

Para fabricar un mango de hacha largo con una cabeza de 1 kg o más de peso, hay que empezar con un tronco de nogal americano de 25 m de diámetro y 75 cm de largo. Partimos el tronco por la mitad y cuarteamos ambas mitades, para luego seleccionar la mejor sección de 1/8 del tronco, que es con la que fabricaremos el mango del hacha. A continuación, cortamos el duramen de la sección y, si todavía nos queda demasiado grueso, volvemos a cortarlo. El material sobrante lo guardamos para secarlo y poder utilizarlo más adelante en otros menesteres.

Para fabricar un mango de hacha corto solo necesitamos una hachuela y un cuchillo. Para los mangos más largos, un bastren nos dará más flexibilidad para darle forma al mango. Empezaremos cuadrando la madera lo mejor que podamos, prestando atención a las vetas para procurar que la parte superior del mango tenga una buena veta recta. Si todavía conservamos el mango viejo, el que vamos a reemplazar, podemos usarlo como patrón y, con un lápiz, trazar la forma sobre la madera de nogal americano. Es práctico contar con un banco de carpintero cuando vayamos a darle forma al mango. No olvidemos que, mientras se seque, la pieza se va a encoger un poco; hay que tenerlo en cuenta y calcularlo bien.

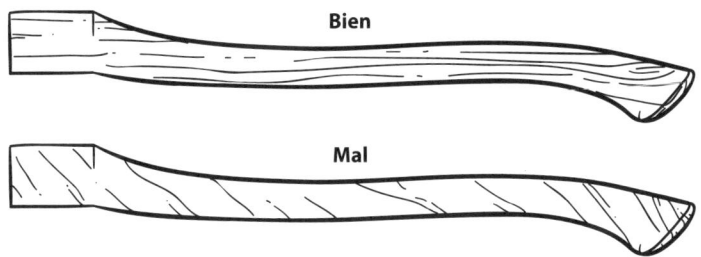

La veta del mango del hacha tiene que quedar paralela a la línea del mango.

Mango de hacha

CÓMO CAMBIAR EL MANGO

Antes de cambiar el mango hay que hacer un corte desde la parte superior del mango para insertar una cuña. Esta cuña tiene que estar hecha de madera dura y ser un poco más larga de lo necesario para que se ajuste bien con el mango. La idea es que, una vez hecho el cambio, sobresalgan unos 6-12 mm del mango por encima del ojo del hacha. Las cuñas de metal no son indispensables si la cabeza del hacha se coloca correctamente y si luego la bañamos en aceite o sebo caliente. Bañar el hacha en aceite después de cambiar el mango hará que la madera se hinche y lo selle bien. Recomiendo untar bien el mango, una vez hecho el cambio, con aceite de abedul y darle otra capa cada semana durante un mes; después, una vez al mes durante el primer año. Esto ayudará a conservar mejor el mango e impedirá que se agriete o se seque con el tiempo.

CÓMO CONSTRUIR UN ARCO DE MADERA

Lo primero que hay que dejar claro antes de explicar cómo construir un arco es que construir arcos es complicado. Hay una gran diferencia entre un arco construido rápidamente, que dura una o dos semanas, y un arco que dura hasta que la madera se pudra. Habrá ocasiones en las que tendremos que fabricarnos un arco sobre la marcha, pero siempre está bien poder fabricarse uno que dure más. En este apartado vamos a aprender ambas cosas.

Veamos algunos términos relacionados con la construcción de arcos con los que debemos familiarizarnos a partir de ahora:

- **Palas** – Las partes del arco que se doblan.
- **Cuerpo del arco** – La parte estática del arco, por donde se empuña.
- **Vientre** – La parte interior, la que queda enfrentada al arquero.
- **Espalda** – La parte del arco que queda más lejos del arquero al disparar.
- **Reposaflechas** – El punto donde reposa la flecha, que puede tallarse en la empuñadura o añadirse con un trozo de hueso o de madera.

- **Puntos de encordado** – Los puntos de encordado de cada pala donde se sujeta la cuerda, que evitan que esta se deslice por las palas cuando el arco está encordado.
- *Tiller* – La distancia curva entre la cuerda y la base de ambas palas del arco, crucial para la precisión y el rendimiento del arco.

Las palas son la parte del arco que se dobla, y el cuerpo del arco es la parte estática donde se encuentra la empuñadura, a menos que fabriquemos un arco que queremos que se doble por la zona de la empuñadura. Esto va muy bien hacerlo con una rama verde para su uso rápido, pero también aumenta considerablemente el impacto que recibe la mano.

ARCOS DE MADERA VERDE DE USO RÁPIDO

Sea cual sea el arco que vamos a construir, es esencial que su construcción nunca comprometa el anillo de crecimiento en la parte posterior de las palas, porque este anillo le da al arco una mayor estabilidad cuando lo doblamos al tensar y también impide que la madera se agriete. Por esta razón, escoger la madera adecuada es igual de importante que saber construir bien el arco. Conviene seleccionar una madera dura, que contenga muchas fibras en la veta, porque esto aportará una mayor durabilidad al arco. El nogal americano, el arce y el roble rojo son las maderas más habituales que se utilizan en la fabricación de arcos. Tenemos que encontrar una rama que no tenga nudos, y que tenga unas medidas aproximadas de 7,5 cm de diámetro y 1,80 m de largo. Primero vamos a marcar el centro de la pieza con un cuchillo en la corteza. Rodeamos el arco con una mano, colocando la parte superior del puño sobre la marca que acabamos de hacer y hacemos otra marca con el cuchillo en la parte superior de donde queda la empuñadura.

Ahora que ya hemos marcado el centro, vamos a procurar no eliminar madera de esta zona. Examinaremos bien la pieza para ver si tiene alguna curvatura natural que podamos aprovechar. Cuando hayamos terminado, el perfil de las palas debe ser casi triangular con las esquinas redondeadas. Las esquinas muy angulosas tienen más tendencia a romperse.

Si observamos la parte superior e inferior del cuerpo del arco, tenemos que ver que las palas se van estrechando de forma gradual desde, aproximadamente, unos 7,5 cm de ancho hasta unos 2,5 cm de ancho en los puntos de encordado. Con la ayuda de un hacha o un cuchillo podemos comenzar a retirar material poco a poco, desde el cuerpo del arco hasta la punta de las palas. Hay que recordar que, cuanta más madera eliminemos, menor será el alcance del arco. Queremos que tenga una forma triangular que reduzca el largo de la pala desde el cuerpo del arco hasta la punta. Mientras vamos trabajando hay que ir comprobando el *tiller* de cada pala del arco: la curva tiene que ser uniforme. Acertar con la curva lleva su tiempo y mucha práctica, y probablemente romperemos unos cuantos arcos antes de aprender a tallarlo bien. Las dos palas deben doblarse, aproximadamente, unos 7,5 cm formando un arco uniforme al colocar el empeine en la pala y empujar la parte del cuerpo del arco.

A continuación, llega el momento de encordar y comenzar la última fase de la construcción del arco. Es fundamental utilizar una cuerda con una resistencia a la tracción diez veces superior a la que se desea. Por ejemplo, si queremos un arco de 23 kg, vamos a necesitar una cuerda con una resistencia a la rotura de 236 kg. A mi modo de verlo, una cuerda del n.º 36 de doble cabo proporciona una resistencia a la rotura de unos 316 kg, más que suficiente para cualquier arco que yo pueda construirme en el monte. Al tallar los puntos de encordado hay que tener cuidado y hacerlos con la profundidad justa y en un ángulo de 45 grados con respecto al cuerpo del arco.

PROBAR EL *TILLER*

Para encordar el arco utilizaremos un nudo resistente en un extremo de la cuerda, como el nudo as de guía, y un nudo ajustable en el otro, que pueda asegurarse con un medio nudo. A continuación, pasamos por el arco y subimos la cuerda alrededor de la punta de la pala superior, con el nudo ya colocado en el culatín de la pala inferior. Apoyamos la zona del cuerpo del arco contra la parte posterior de la rodilla y doblamos las palas uniformemente. La idea no es intentar que el arco alcance la altura final de refuerzo. La distancia real de la cuerda desde la parte inferior de la panza suele ser de unos 15-18 cm en este punto. Lo que haremos es simplemente tensar la cuerda lo suficiente para que el arco se doble unos 7,5 cm. Acto seguido podemos empezar a ejercitar las palas tensando poco a poco el arco sin flecha, unos pocos centímetros cada vez, pero sin acabar de tensarlo del todo. Esto se conoce como empezar a domar las palas.

Para mí, la mejor manera de probar el *tiller* en el monte es sentarme en el suelo, colocar el arco bajo el empeine, tirar del arco con ambas manos y observar cómo se doblan las palas. Si una pala se dobla más que la otra, tendremos que retirar pequeñas cantidades de material de la pala que se vea más rígida. Cuidado con pasarse quitando material, porque podemos acabar con un arco demasiado ligero. Cuando hayamos tensado el arco unas 50-100 veces y comprobado que el *tiller* se ve bien, hay que tensar la cuerda a una altura aproximada de 13 cm, y a continuación volvemos a tensar el arco y comprobar el *tiller*. Si el arco todavía está demasiado rígido, habrá que retirar más material, pero con cuidado. Si está correcto y es posible completar el ejercicio, entonces podemos completar la altura de apoyo, a 15 o 18 cm. El objetivo final es que la tensión sea lo suficientemente buena como para mantenerla mientras contamos hasta diez. Hay que asegurarse de que el *tiller* está nivelado en ambos extremos.

Recordemos que a estas alturas lo que tenemos es un arco de madera verde y que se doblará de forma permanente con mucha facilidad, así que cuando no vayamos a utilizarlo hay que quitarle la cuerda. Dejaremos que la madera se seque al natural y con el tiempo se convertirá en un buen arco. A medida que la madera se va secando, el arco se va volviendo más rígido, por lo que habrá que sellarlo con aceite para impedir que se seque más o se agriete.

ARCOS DE MADERA DE USO PERMANENTE

Para construirnos un arco permanente, el proceso de selección de madera debería ser el mismo. Por lo general es mejor recoger la madera en primavera. Cortamos el tronco en cuatro partes y a partir de ahí tenemos cuatro posibles duelas de arco. Retiramos la corteza y procuramos mantener la madera seca y alejada del suelo al menos durante cuatro estaciones. Cuando las duelas están secas, escogemos la que se vea mejor, la que no tenga nudos ni torceduras. Con la madera ya seca nos puede ir bien trabajar con un bastren, un raspón y un banco de carpintero. Al trabajar con madera seca podemos tallar la empuñadura y el reposaflechas del arco en la misma duela. También tallaremos un lado plano para la flecha en el lado de la empuñadura, es suficiente que mida 1,25 cm para la empuñadura y 6,35 cm para el reposaflechas.

Como la madera está seca, hay que tratarla con extremo cuidado durante todo el proceso para que no se agriete. Tenemos que sellarla inmediatamente con grasa animal o sebo, y siempre hay que guardar el arco en horizontal, nunca en vertical, y descordado, colocado sobre dos clavijas de apoyo. También conviene evitar guardarlo en un sitio expuesto a calor excesivo o al sol directo.

CÓMO HACER FLECHAS

Hacer flechas no es excesivamente difícil. Necesitamos trozos de madera, caña o bambú tiernos que midan entre 6 y 12 mm de grosor y que sean al menos 7,5 cm más largos que nuestro brazo extendido. Los recogeremos y los sujetaremos en un haz con una cuerda para que se mantengan rectos mientras se secan. Cuando estén secos, retiraremos la corteza y comprobaremos que estén lo más rectos posible. Si alguno está ligeramente torcido, lo calentaremos al fuego para enderezarlo a mano.

A continuación, hay que escoger una punta de caza para las flechas y eso dependerá del uso que vayamos a darles. Una flecha para pescar puede tener forma de arpón. Una flecha para caza menor puede tener la punta bastante roma y luego podemos endurecerla con las brasas de la hoguera. El extremo más ancho de la flecha debe ser la parte delantera. También hay que tallar en cada flecha el culatín para la cuerda. Un corte profundo en V funciona bien si no tenemos a mano una sierra o si no sabemos tallar otro tipo de muesca más precisa. Después podemos comenzar a probar las flechas, porque es probable que hayamos fabricado muchas que no se disparen bien. Las probaremos y seleccionaremos las mejores, que serán las que vuelen entre 7 y 9 m de distancia. Emplumar una flecha sirve para estabilizar su trayectoria de vuelo a lo largo de la distancia que recorre (esto no es necesario hacerlo con las flechas de pesca con arco, ya que recorren distancias muy cortas).

EMPLUMAR

Emplumar es el proceso de colocar una pluma en una flecha. Si no tenemos plumas a mano, podemos improvisarlas con cinta adhesiva, pero siempre será mejor hacerlo con plumas de verdad. Para ello es importante que recojamos todas las plumas que nos encontremos por el camino o que aprovechemos las plumas de las aves que cacemos para alimentarnos. Las plumas de aves grandes, como el pavo o el ganso, son las que van mejor para emplumar flechas. Siempre hay que asegurarse de que provienen de la misma ala, porque las plumas de las alas tienen una curvatura natural, llamada curvatura **helicoidal**. Las plumas de la cola no tienen curvatura helicoidal, pero conviene guardarlas también.

Podemos sujetar la pluma a la flecha con un hilo fino o con adhesivos. Siempre es buena idea envolver la parte de la flecha donde hemos hecho la marca para colocar la cuerda, esto asegura que no se nos rompa al disparar. Con la práctica he descubierto que una plantilla de cuero funciona mejor para asegurar la flecha, independientemente de cómo esté sujeta.

Cogemos un cuadrado de 7,5 cm de cuero o de corteza (por ejemplo, corteza de abedul) y dibujamos en él un triángulo. Marcamos el punto central del triángulo y hacemos tres cortes desde el centro hasta los vértices, para luego deslizarlo sobre el asta de la flecha y que nos guíe a la hora de colocar las plumas. Yo acostumbro a utilizar plumas de 10-12 cm de largo, que se pueden cortar dándoles la forma que queramos, pero las plumas más anchas ralentizan el recorrido de la flecha. La plumas grandes sirven para evitar que las flechas recorran largas distancias de vuelo cuando se utilizan contra blancos aéreos o blancos terrestres cercanos. Para procesar las plumas, separamos el cañón de la pluma. La mejor manera de hacerlo es separarla por la parte de arriba y rasgarla en direcciones opuestas. Esto también podemos hacerlo con un cuchillo. Una vez separada, la recortamos para obtener el tamaño y la forma deseados, y dejamos unos 6,5 mm sin cortar en ambos extremos.

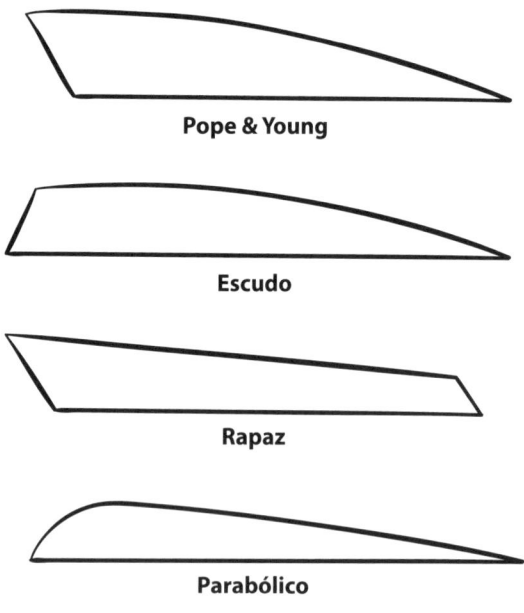

Pope & Young

Escudo

Rapaz

Parabólico

Emplumado

A continuación, introducimos las plumas por la guía de cuero y las enrollamos primero en la parte delantera hacia la punta de la flecha. Después se pueden pegar o enrollar a lo largo desplazando la guía hacia la parte trasera de la flecha. Finalmente, se enrollan al final de la flecha dejando, aproximadamente, unos 1,25 cm entre el culatín y la parte donde comienza el emplumado.

CUERDAS

Como ya he comentado antes, la cuerda debe contar con una resistencia a la rotura 10 veces mayor a la fuerza de tracción del arco. Existen varias opciones en cuanto a material a la hora de escoger qué cuerda le ponemos al arco: cuerda artificial, tendón, sedal, piel sin curtir o paracord, por ejemplo. Lo más importante es saber cuántas hebras vamos a tener que encordar en cada caso para que nuestro arco sea un arco seguro. Para tomar esta decisión hay que conocer la resistencia a la tracción que ofrece cada material.

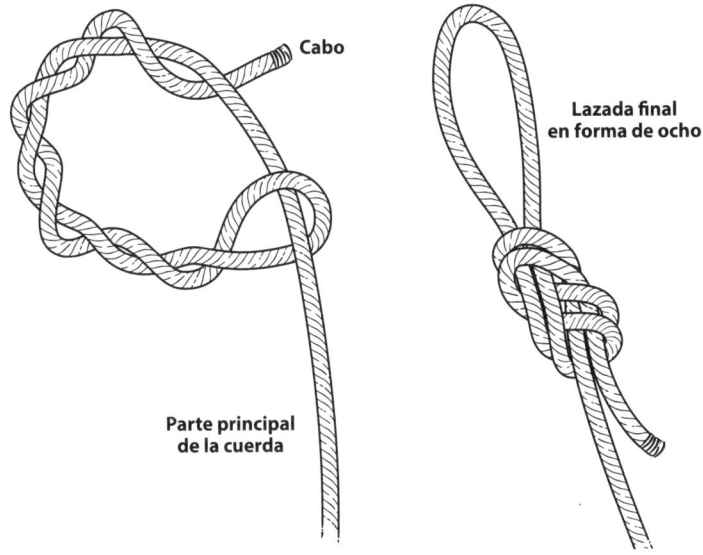

Cabo

Lazada final
en forma de ocho

Parte principal
de la cuerda

Cuerda del arco y nudos

TRUCOS Y CONSEJOS

1. Si necesitamos un estropajo para lavar ollas y sartenes, usamos un manojo de hierbas de las que hemos empleado para fabricarnos la escoba y las doblamos por la mitad, como si fuéramos a fabricar una escoba pequeña, a unos 1,25 cm de la parte superior. A continuación, lo cortamos a unos 7,5 cm y ya tenemos un excelente estropajo listo.

2. Si no estamos seguros de la densidad o la dureza de la madera con la que estamos trabajando, podemos averiguarlo colocando la madera en el agua. La madera blanda flota enseguida, mientras que muchas maderas duras se hunden.

3. Cuando se trabaja con madera fina o piezas de diámetro pequeño, hay que asegurarse de que están bien secas, porque, de lo contrario, se agrietarán con el tiempo.

4. Nunca hay que guardar el arco en posición vertical. Siempre tenemos que guardarlo en horizontal, sin encordar y con las palas apoyadas sobre dos clavijas.

5. Al disparar el arco, la mecánica es la clave de todo. Siempre tenemos que utilizar el mismo punto de anclaje (el punto donde termina la tensión), porque esto mejorará enormemente la consistencia.

Capítulo 11

TRABAJAR EL METAL

«Fui a los bosques porque deseaba vivir deliberadamente, afrontar solamente los hechos esenciales de la vida, y ver si podía aprender lo que ella tenía que enseñar y no descubrir al morir que no había vivido.»

HENRY DAVID THOREAU

Antiguamente, el herrero era una de las personas más importantes que se podía encontrar en cada pueblo o ciudad. Él solo podía fabricar piezas para herramientas como hachas y cinceles, además de armas como cuchillos y espadas. El hierro se creaba al fundirlo en un horno a una temperatura extremadamente elevada que licuaba el metal. El mineral líquido fluía desde el fondo del horno, por pequeños canales construidos en la arena que salían de un canal principal, y esto facilitaba que, una vez enfriado, pudiera separarse en trozos más manejables.

Se dice que esta configuración de canales recordaba a una cerda tumbada en el suelo amamantando a sus cerditos, y precisamente de ahí procede el término inglés *pig iron* ('arrabio'). Este hierro tenía un elevado contenido de carbono y era demasiado duro para ser forjado, pero podía volver a fundirse para ser introducido en moldes y crear así hierro «fundido». El hierro forjado se creaba fundiéndolo en un horno especial y removiéndolo para eliminar impurezas y carbones. Después se sacaba del horno en forma de masa y se martilleaba bajo vapor o agua para formar grandes trozos de hierro trabajado a mano que podían forjarse con un martillo y un yunque.

Con todos estos métodos, el herrero era casi como un ingeniero de la época. Su misión era fabricar herramientas precisas, que ayudaran a todos los miembros de la sociedad que las necesitaban para trabajar, desde el agricultor hasta el doctor, el trampero y el cazador. La capacidad para manipular metal siempre ha sido una de las habilidades esenciales de la supervivencia.

HERRAMIENTAS

La mayoría de las herramientas indispensables para realizar pequeños trabajos de herrería caben en un cubo de 20 l. Conviene usar un cubo de metal, así podemos utilizarlo también para el temple. A continuación, muestro una lista de las herramientas de herrería más comunes y útiles que recomiendo para guardar en nuestro cubo.

- Yunque
- Martillo
- Fuelles
- Forja y combustible
- Tenazas o pinzas
- Cincel
- Piedra de afilar
- Arena
- Agujero Hardy
- Agujero de Pritchel

YUNQUE

Un **yunque** es una pieza de acero duro con una superficie plana sobre la cual se puede martillear y dar forma al metal caliente. Un trozo pequeño de raíl de vía de tren puede funcionarnos muy bien como yunque, y podemos ponerle un cuerno y un agujero Hardy. El **cuerno** es un cono que va colocado en la parte frontal del yunque y que sirve para hacer anillos y formas circulares. El **agujero Hardy** sirve como punto de sujeción para otras herramientas, por ejemplo, horquillas de doblado. Si no es posible conseguir un trozo de raíl de vía de tren, cualquier trozo más o menos grande de acero duro nos servirá. Incluso un trozo de viga o cualquier otro elemento de acero duro. Recomiendo que sea un bloque de acero que mida al menos 15 × 15 cm y tenga unos 5 cm de grosor. También existen yunques para tocones, que se introducen en el tocón; e incluso se puede incorporar una cuña metálica grande en un tocón y utilizarla como yunque.

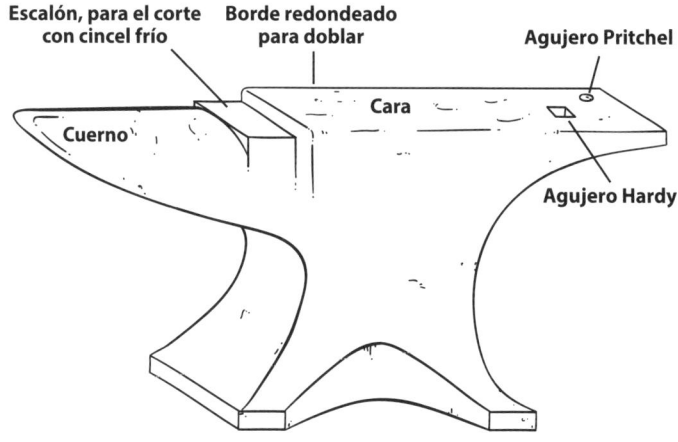

Partes de un yunque

MARTILLO

Un martillo de cruz, un martillo de bola pesado o una almádena de 700 g resultan muy útiles, porque son los martillos más versátiles que hay. En casos extremos, incluso podríamos utilizar el hacha como martillo, pero, si lo hacemos, nos arriesgamos a dañarla o a deformarle el ojo.

FUELLES

Lo mejor es llevar un fuelle de mano, parecido al que se usa en las chimeneas, pero esta es una herramienta que, si no la llevamos, la podemos improvisar. Abanicar la forja es lo que hace que aumente el calor, lo cual posibilita que el metal alcance temperaturas muy elevadas. En caso de emergencia, es posible abanicar el fuego con la tapa de un cubo o cualquier otro objeto plano, pero eso termina cansando. Si sopla una brisa más o menos constante, podemos hacer una hoguera en el suelo al aire libre y colocar un toldo de modo que conduzca la brisa hacia la hoguera. Incluso podemos colocar pieles animales para generar bolsas de aire que, combinadas con un tubo de bambú, nos permitan ventilar directamente la forja.

CONSEJO BUSHCRAFT

Si no podemos conseguir carbón, podemos crearlo con madera dura de la misma manera que creamos material chamuscado para prender hogueras. Para ello, se necesita un recipiente muy grande y un fuego que pueda arder durante mucho tiempo. Una alternativa es utilizar madera dura normal en la hoguera del campamento y construir un lecho de carbón grande. Si contamos con ventilación forzada, una hoguera de zanja nos puede funcionar bien para esto. También podemos crear una zanja sobre la superficie con montones de arena, tierra o rocas a cada lado para retener mejor el calor de la masa térmica.

TENAZAS O PINZAS

Vamos a necesitar un utensilio que nos permita sujetar la pieza en la forja para trabajar. Un buen par de **alicates de presión** o un juego de **alicates de liniero** van bien para trabajar piezas pequeñas. Para piezas más grandes vamos a necesitar al menos un juego de **tenazas de mandíbula múltiple**.

CINCEL

Necesitaremos al menos un buen cincel para el corte en caliente, que nos permitirá cortar el metal caliente antes de darle forma. Otras herramientas interesantes en este sentido pueden ser un par de punzones para hacer ojales en las cabezas de las herramientas o perforar agujeros más pequeños que sirvan luego para clavar.

PIEDRA DE AFILAR

Va bien contar con una piedra de afilar suave y otra dura, para acabar de pulir y dar forma a la pieza. No tiene que ser la misma piedra que utilizamos para el mantenimiento de nuestras herramientas. Hay piedras naturales de diferentes granos que podemos utilizar para este proceso en caso de emergencia, sobre todo antes de que el metal se endurezca.

ARENA

Un poco de arena limpia resultará útil si conseguimos que el metal alcance la temperatura de soldadura, que es al rojo vivo. La arena servirá como fundente para la soldadura de forja.

LOS AGUJEROS HARDY Y PRITCHEL

Muchos yunques tienen dos agujeros: uno cuadrado, que es el agujero Hardy, y otro redondo, que es el agujero Pritchel. El primero sirve para fijar herramientas como horquillas de doblado, por ejemplo. El segundo sirve para colocar el punzón para perforar agujeros.

FUENTES DE METAL

Podemos buscar restos de metal para nuestros proyectos en fincas abandonadas. No todos los metales son iguales y el tipo de metal que necesitemos dependerá siempre del proyecto. Cuando andemos buscando materiales que reaprovechar, hay que prestar atención a los siguientes tipos de metal:

ACERO SUAVE

Las barras y láminas metálicas se consideran acero suave. Los clavos de cercas o palés viejos son buen material para fabricar cosas pequeñas como anzuelos, alfileres, etc.

ACERO DE MEDIO CARBONO

Este metal es más difícil de encontrar —a menos que tengamos la suerte de dar con un vehículo agrícola desguazado—, pero los ejes y las cuchillas de arado son buenas fuentes de este tipo de acero y van bien para fabricar varillas de refuerzo.

ACERO DE ALTO CARBONO

Este es el más difícil de conseguir y, en muchos casos, el más deseable. Es el acero ideal para fabricarnos cuchillos y otros utensilios cortantes. Muelles helicoidales, ballestas, hojas de sierra, llaves Allen y cualquier otra herramienta pequeña probablemente serán de acero con alto contenido en carbono.

TABLA DE MATERIAL RECICLABLE PARA HERRERÍA	
MATERIAL	NÚMERO/LETRA
Acero agrícola	1080
Acero laminado en frío	1070
Alambres de instrumentos musicales	1085
Anillos de retención	1060
Arandelas de bloqueo	1060
Árboles de transmisión	4140

Aspas de ventilador	1020
Bielas	1040
Brocas	N2
Brocas de martillo neumático	S5
Cigüeñales	1045
Cinceles	O2, 06, L6
Clavos	L6
Clips	1060
Cojinetes metálicos	52100
Cuchillas de carpintería	O2
Cuchillas de cortacésped	1085
Cuchillas de maquinaria	M2
Cuchillos, tenazas	S2, S7
Destornilladores	L6, S2
Disco de arado	1080
Disco de embrague	1070
Ejes	1040
Escariadores	M2, O2, A2
Fresadoras	M2
Grada de discos	1080
Herramientas neumáticas	L6, A6, S7
Hoja de sierra	L-6
Horca para recoger heno	1095
Juntas universales	1145
Levas	A6, S7
Limas	W-2
Llaves inglesas	L6, S2
Machos	L6, S2, S7
Martillos	L6
Mazos	L6, S2
Muelles de embrague	1060
Muelles de lámina	1085, 5160
Muelles de reloj	1095
Muelles de suspensión, de camión	5163

Muelles de suspensión, de coche	4063
Muelles de válvulas	1060
Palanca de cambio de marchas	1030
Palanca de freno	1030
Pernos de alta resistencia	4815
Pernos de eje de dirección	3130
Pistas de rodamientos	52100
Punzones para metal	A2, O2
Rejas de arado	1080
Rodamientos	4815
Taladros	N2
Tapas de rosca	M2, O2
Tornillos con tratamiento térmico	2330
Tornillos de anclaje	1040
Tuberías	1040
Vigas de arado	1070

TRABAJAR CON METAL DURO

Al trabajar con metal es imprescindible saber cómo endurecerlo y cómo ablandarlo. Este proceso es un poco más complicado que limitarse a calentar y enfriar el material. El metal tiene que calentarse hasta una temperatura/color determinado y después debe enfriarse a una velocidad determinada. Muchos aceros para herramientas también deben templarse para que no resulten tan frágiles y para que se puedan afilar.

NORMALIZACIÓN

Cuando se empieza a trabajar con aceros de alto carbono, y sobre todo cuando fabricamos cosas como hojas de corte, es mejor **normalizarlos** o aumentar su dureza, para que no se vuelvan frágiles. Para ello, hay que calentar el metal a la temperatura de trabajo y después dejar que se enfríe al aire antes de volver a calentarlo y forjarlo de nuevo.

RECOCIDO

Este proceso ablanda un metal duro, como el acero de alto carbono, para que se pueda trabajar más fácilmente con un martillo o una muela. En el recocido calentamos el metal hasta que se vuelve de un color naranja brillante y luego lo colocamos entre cenizas frías de una hoguera apagada o entre arena, para que se enfríe de manera natural. Otro método es hacer una hoguera y colocar el metal que queremos recocer en su base. Utilizaremos el fuego para cocinar y para otras actividades del campamento, y dejaremos que se enfríe toda la noche. Por la mañana, cuando ya se ha enfriado del todo, retiraremos el metal, y estará blando. Este es un proceso especialmente importante si vas a fabricar hojas de cuchillo a partir de acero con un alto contenido en carbono. Se hace después de forjar la forma inicial, para facilitar la eliminación del material sobrante y dar forma al perfil y al rectificado finales. Después la pieza se trata térmicamente y se templa.

TRATAMIENTO TÉRMICO

El tratamiento térmico del metal es necesario para conseguir la dureza inicial deseada antes de templar la pieza. Con este proceso hay que comprobar que el metal adquiere un color determinado o probarlo con un imán para asegurarnos de que ha alcanzado un estado no magnético. A partir de aquí lo templaremos en un material diferente según la dureza que queramos darle.

TEMPLADO

Para que un metal adquiera su máxima dureza hay que templarlo (sumergirlo) en agua u otro líquido cuando ha adquirido el color adecuado y después hay que dejarlo enfriar. Cuidado, porque a veces este proceso también puede hacer que el metal se vuelva quebradizo. Los aceros refractarios se suelen templar en agua. El aceite es un material de temple muy habitual en la mayoría de proyectos de este tipo, y el aceite de motor también puede funcionar bien.

REVENIDO

El revenido del acero es todo un arte. Este proceso requiere saber interpretar el color del metal, pues es un indicador de la temperatura.

Al revenir un metal este se ablanda, total o parcialmente, según la herramienta utilizada. Para revenir un trozo de metal en una forja hay que colocarlo sobre las brasas del fuego y observar cómo cambia de color a medida que el material se va calentado. Por ejemplo, si estamos trabajando una hoja de cuchillo, la colocamos de modo que el lomo quede en contacto con el lecho de brasas y la hoja quede mirando hacia arriba. El color del lomo se volverá azulado. A medida que este color vaya subiendo hasta el borde de la hoja, dicho borde se tornará de color amarillo intenso antes de volverse de color azul. Es en este momento cuando hay que retirar la pieza del fuego y templarla en aceite para detener el proceso de calentado, así la pieza queda revenida.

COLORES DEL REVENIDO	
HERRAMIENTA	COLOR QUE BUSCAMOS
Cinceles para madera	Amarillo pálido
Martillos	Amarillo
Herramientas de perforación	Amarillo oscuro
Cinceles para metal y punzones	Morado
Muelles	Azul pálido

CÓMO FABRICAR CUCHILLOS

Lo más fácil para fabricar un cuchillo es hacerlo a partir de una hoja de corte que ya tengamos, como, por ejemplo, de una sierra pequeña. La forma inicial se puede cortar en caliente después de normalizar la pieza. Podemos fabricarnos un buen cuchillo que dure toda la vida en poco tiempo, y con una mínima reducción del material después del recocido.

Habrá que perforar dos agujeros en la parte del mango mientras la pieza esté caliente antes del tratamiento térmico y del revenido. Estos agujeros servirán para sujetar el mango en su lugar. Las herramientas como las hojas de sierra y las limas ya son muy duras de por sí, y casi siempre podemos cortarlas fácilmente doblándolas o golpeándolas con un martillo en el lateral del yunque. Fabricar un cuchillo a partir de una lima es una de las formas más fáciles que hay de fabricar una buena hoja de corte y también es un buen proyecto para iniciarse en el trabajo del metal, su tratamiento térmico y el revenido.

CÓMO FABRICAR UN HACHA

Fabricar un hacha a partir de una pieza de metal plana es un proyecto que requiere una destreza más avanzada, porque, para que salga bien, es necesario el uso de la soldadura de forja. No obstante, podemos utilizar una pieza ya existente, como un martillo de bola o un hacha de tejas, y darle forma en la forja. El ojo ya lo tendremos hecho, y solo habrá que darle forma a la hoja para conseguir el perfil deseado. Recordemos que la principal diferencia entre un hacha y un *tomahawk* es la forma en que ambas herramientas van montadas sobre el mango. El *tomahawk* solo necesita un ojo redondeado en el que encaje un palo. El hacha requiere que abramos un agujero en el metal caliente con la ayuda de un punzón para poder encajar el mango, insertado por debajo.

CÓMO FABRICAR PEDERNAL

Fabricar pedernal es un proceso sencillo, aunque es necesario emplear acero de alto carbono. Lo primero que hay que hacer es recocer el material y lijar o amolar la superficie de impacto para conseguir un borde limpio. Podemos darle muchas formas, pero la más común es la forma de letra C. Cuando ya le hemos dado la forma deseada, hay que calentar el metal hasta que se vea de color amarillo brillante (no con calor de forja). Acto seguido, enfriaremos solamente el borde de impacto en el agua durante unos segundos y, a continuación, sumergiremos toda la pieza. Al terminar, debería soltar chispas. Si no es así, es que el metal no se ha endurecido lo suficiente o no tenía un alto contenido en carbono. Las limas siempre son lo que mejor funciona para hacer pedernal. Si nos equivocamos, siempre podemos volver a calentar la pieza e intentarlo de nuevo.

CONSEJO BUSHCRAFT

La soldadura de forja es todo un arte y dominarlo bien requiere su tiempo. Lo que hacemos es calentar el metal casi hasta el punto de fusión y luego lo forjamos con un impacto súbito mientras todavía está en un estado casi líquido. Verlo es asombroso, como un espectáculo pirotécnico de los que celebramos en Estados Unidos el 4 de julio. Antes de ponernos a trabajar en la soldadura de forja hay que limpiar bien las superficies que vamos a soldar con un cepillo de alambres, si es posible, cuando estén de color naranja. Luego agregaremos arena para obtener un fundente antes de proceder al último calentamiento para soldar.

En este último calentamiento el metal tiene que ponerse casi al rojo vivo. Se verá de un color amarillo brillante y soltará chispas. Cuidado, porque, llegados a este punto, si esperamos un par de segundos de más, la pieza se fundirá en la forja y todo el esfuerzo habrá sido en balde.

Una vez alcanzado el calor de soldadura, es fundamental llevar la pieza al yunque y golpearla varias veces. No hay que machacar el metal a golpetazos, solo golpearlo lo suficientemente fuerte para comprimirlo cuando se halle en este estado casi líquido. Puede que haya que calentarlo hasta que se ponga naranja o amarillo unas cuantas veces más para completar el proceso, pero, para que sea efectiva, una buena soldadura debe hacerse a la primera.

Estos son los colores del metal a los que hay que estar atentos cuando forjamos para dar forma a las piezas que queremos trabajar:

COLORES DE LA FORJA	
COLOR	MATERIAL
Rojo oscuro	Endurecimiento o recocido del acero con alto contenido en carbono
Rojo medio	Endurecimiento o recocido del acero medio, con pequeñas curvaturas
Rojo brillante	Recocido del acero medio
Naranja/amarillo	Forja de acero con alto contenido en carbono, corte en caliente
Amarillo	Forja de acero medio
Amarillo brillante	Forja de acero suave
Amarillo brillante (con chispas blancas)	Soldadura

OTROS ELEMENTOS ÚTILES DE LA FORJA

- Clavos
- Tensores de troncos
- Hendedor
- Barrena
- Hacha pequeña
- Pincho para asar
- Herramientas para manipular el fuego
- Ganchos
- Anclajes
- Azuela
- Cinceles para madera
- Cinceles de mortaja
- Berbiquí

— Capítulo 12 —
CONTENEDORES Y MEDIOS DE TRANSPORTE

«Sube a las montañas y recibe sus buenas nuevas. La paz de la naturaleza te inundará como el sol inunda los árboles. Los vientos te infundirán su propia frescura y las tormentas su energía, mientras las preocupaciones se desvanecen como las hojas otoñales.»

JOHN MUIR, *OUR NATIONAL PARKS*

El mantenimiento de un campamento para estancias largas requiere reabastecerse de suministros y, en ocasiones, trasladarse de una ubicación a otra, para lo que vamos a necesitar contenedores y medios de transporte. En este capítulo enseñaré cómo fabricarlos con nuestras propias manos, desde sencillos recipientes para transportar agua hasta piezas de cerámica para almacenarla. He decidido agrupar los contenedores y los medios de transporte en un único capítulo porque ambos están relacionados con el transporte: el transporte de suministros y el transporte de alimentos.

CONTENEDORES DE AGUA

Los contenedores de agua tienen que estar hechos de un material que nos sirva para transportar agua de un lado al otro y, al mismo tiempo, para cocinar en el campamento. En cuanto a material, el metal suele ser la mejor opción, porque es apto para el fuego. También podemos utilizar un trozo de lona, doblarlo, coserlo y confeccionar una bolsa para transportar varios litros de agua. El cuero crudo se puede transformar en un recipiente por medio de un proceso conocido como **hervido a la piedra** (que explico en el siguiente apartado). También podemos tallar y quemar recipientes de madera. A lo largo de la historia los cuencos de madera se han utilizado para todo tipo de líquidos. Las tazas *kuksa* originales estaban hechas de madera tallada y quemada.

POSIBLES CONTENEDORES DE AGUA PARA EL CAMPAMENTO

- Corteza de abedul
- Cualquier corteza recolectada en primavera
- Madera
- Cuero crudo
- Estómagos de animales (mejor para transportar que para cocinar)

CONSEJO BUSHCRAFT

Para fabricar un contenedor quemado, hay que encender fuego en una superficie plana de madera. Controlar la quema circular para que penetre más profundamente en el material, alternando entre quemar y raspar la materia prima, quemar y volver a raspar, y así sucesivas veces hasta darle forma al recipiente.

COCCIÓN A LA PIEDRA

La cocción a la piedra es un método para desinfectar agua o cocinar alimentos sin un contenedor de metal o no inflamable. Consiste en calentar piedras en el fuego hasta que se vuelvan brillantes y luego meterlas en un recipiente con agua para que el agua hierva. No hay que utilizar piedras que estén cerca de arroyos, lagos o ríos, ni tampoco piedras porosas como la piedra caliza. Tienen que ser piedras del tamaño de un puño o un poco más pequeñas. Se pueden utilizar piedras de un tamaño incluso más pequeño, pero no funcionarán tan bien. Tengamos siempre en cuenta que las piedras van a desplazar el agua, y esta va a subir de nivel, por lo que el tamaño del recipiente que utilicemos determinará nuestras posibilidades. Si existe la posibilidad de que el recipiente pueda quemarse, tendremos que introducir las piedras calientes en el agua con unas pinzas y sostenerlas unos instantes antes de dejarlas caer.

La cocción a la piedra es un proceso complicado y puede ser peligroso. Es indispensable utilizar unas pinzas o una rama en forma de letra Y con otro palo que podamos usar para manipular las rocas. Con la ayuda de este palo desplazamos las piedras calientes sobre la rama en forma de Y, para poder sostenerlas. Es esencial que el agua hierva limpia, por lo que tenemos que quitar cualquier resto de ceniza que tengan las piedras al retirarlas del fuego antes de introducirlas en el recipiente. En mi caso, he utilizado todo tipo de recipientes para la cocción a la piedra, desde bolsas estancas hasta cascos de seguridad. Casi cualquier recipiente vale para la cocción a la piedra, siempre y cuando seamos cuidadosos durante el proceso. Incluso los recipientes naturales van bien, si tenemos tiempo para fabricarlos.

Podemos hasta utilizar una lona impermeable con la que forrar un agujero que hayamos hecho en el suelo, en la tierra, y luego hervir la comida en el hoyo. Es otra forma de hervir comida, pero en este caso podrían ser necesarios un par de hervores para que se cocine correctamente. Lo principal es asegurarse de que las piedras estén secas y limpias de barro y escombros. Después se enciende una hoguera que genere un buen lecho de brasas. Se colocan las rocas sobre el lecho de brasas y se vuelve a hacer otra hoguera encima de las piedras. Cuando las piedras se ponen de color rojo es señal de que ya están listas.

CESTAS

Las cestas son una opción fantástica para transportar cualquier material que no sea líquido. ¡Durante miles de años la gente se ha servido de grandes cestas para transportar todo un campamento! Las únicas limitaciones de las cestas son los huecos del entretejido y el tamaño de la cesta en cuestión. Una cesta pequeña puede servirnos para recolectar comestibles. Las cestas también nos pueden servir para montar algunos tipos de trampa.

VASIJAS DE BARRO

Las vasijas de barro cocido son otro tipo de contenedor que se ha usado durante miles de años. El proceso para hacer vasijas de barro es muy sencillo, pero cada paso debe seguirse con atención y minuciosidad, porque el más mínimo error puede estropear la integridad de la vasija durante y después de su cocido.

CÓMO PROCESAR EL BARRO

Lo primero que hay que hacer es recolectar una cantidad de barro. A menos que nos hallemos en una zona de terreno arcilloso, tendremos que ir a buscarlo. Tendremos que cavar al lado de arroyos o en las orillas de un río, en busca de una capa de barro resbaladiza y pegajosa. Cogemos un poco de barro y le damos forma de bola, para ver si el material se mantiene unido sin agrietarse demasiado. De ser así, es probable que contenga algo de arcilla, y eso es lo que nos interesa. La arcilla puede ser de diferentes colores, desde rojo hasta gris o incluso blanco.

Cuando ya hemos conseguido la arcilla más pura que hayamos podido encontrar, la colocaremos dentro de un recipiente y regresaremos al campamento. Una vez allí, la colocamos sobre una lona y la dejamos secar totalmente al sol. Cuando esté seca, la pulverizamos y la tamizamos por una malla o entre las manos para eliminar cualquier impureza, como piedrecitas, palos o hierbas. Esto es muy importante, porque una sola brizna de hierba que quede en la arcilla puede destruir la vasija durante el proceso de cocción: la humedad de la hierba se evaporará durante el cocido, produciendo un agujero en la vasija.

Para convertir esta arcilla pulverizada en un material moldeable vamos a tener que añadirle agua y un aglutinante. El aglutinante es lo que aporta rigidez a la arcilla y la vuelve moldeable. La pelusa seca de espadaña, las conchas trituradas y la arena son excelentes aglutinantes.

Mezclamos la arcilla, el agua y el aglutinante a puñados sobre una superficie plana o un tocón. Un tercio de la composición de la mezcla tiene que ser aglutinante; incorporaremos el agua necesaria para que la arcilla sea fácil de moldear y no se agriete durante el proceso de fabricación de la vasija. Sabremos que hemos conseguido la consistencia correcta cuando podamos extender un rollo del tamaño de un dedo meñique y atarlo con un nudo suave de arriba abajo sin que se agriete. Para suavizar las zonas más toscas de la vasija, nos humedecemos las manos con un poco de agua y pasamos los dedos húmedos por las zonas a suavizar. Hay que procurar que todos los ángulos de la vasija sean redondeados, nunca en punta. Cuando tengamos la vasija modelada, la dejaremos secar al sol o cerca de una hoguera, hasta que esté totalmente seca.

CONSEJO BUSHCRAFT

Los recipientes en espiral son fáciles y bonitos de hacer. Empezamos con un círculo plano de arcilla, que tenga forma de tortita. Con el resto de la arcilla hacemos un rollo largo y lo colocamos sobre la base circular, dando vueltas en espiral y apilándolas hasta obtener la altura deseada para el recipiente. Alisaremos el interior del recipiente con los dedos mojados en agua.

Para hacer un recipiente de pellizco, empezaremos con una bola de arcilla del tamaño del recipiente que queremos hacer. Colocamos los pulgares en el centro y vamos pellizcando la arcilla alrededor, tirando de ella entre el pulgar y el resto de los dedos, presionando hacia fuera desde el centro, dando forma al recipiente hasta que alcance el tamaño deseado.

COCER LA ARCILLA

Cuando el recipiente que hemos modelado esté totalmente seco, por arriba y por abajo, es hora de **cocerlo**. He descubierto que las maderas resinosas, como la del pino, van muy bien para este proceso, porque rellenan los poros de la vasija de una manera muy eficiente y crean una especie de barniz sobre el producto final. Empezaremos colocando la vasija en el centro de la zona donde vamos a hacer la hoguera. Intentaremos elevar la vasija del suelo construyendo una pequeña plataforma de palos. A continuación, haremos una hoguera alrededor de la vasija, para rodearla de calor. Hay que tener cuidado de que ningún tronco o rama del fuego pueda caerse sobre la vasija durante la cocción. Hay que utilizar un montón de ramitas pequeñas, porque la hoguera va a tener que arder durante un buen par de horas. Después dejaremos que el fuego se apague del todo, que la leña se reduzca a cenizas y se enfríe, antes de retirar la vasija. Es muy fácil que la vasija se rompa durante el proceso, así que mi consejo es cocer varias vasijas a la vez, para asegurarnos de que al menos dos de ellas sobreviven. De momento, no hay que pensar en incorporarle asas. Lo mejor es hacerla lo más sencilla posible, así será más fácil que nos salga bien.

JACKWARE

El cuero también nos puede servir para construir recipientes; a este tipo de recipientes en mi tierra los llamamos *jackware*. Lo primero que hay que hacer es dibujar una plantilla simple, parecida a la base de un reloj de arena, con un cuello de 5 cm de largo y 2,5 cm de ancho. A continuación, perforamos dos agujeros a cada lado del recipiente, para poder incorporar asas de cuerda después. Dejaremos sitio para una doble hilera de puntos alrededor de todo el cuero, excepto en la parte de la boca. Con esta plantilla como base, cortamos la pieza de cuero y la ponemos en remojo para que sea maleable. Cosemos el recipiente de modo que solo quede abierta la boca y, a continuación, lo llenamos de arena que habremos calentado previamente al fuego. Lo apisonamos bien con un palo (cualquier palo de unos 2,5 cm de diámetro sirve) hasta el borde del recipiente y lo dejamos secar unos días. Cuando el recipiente esté seco, lo vaciamos de arena y lo enjuagamos para eliminar cualquier partícula que haya podido quedar.

Untaremos las costuras interiores del recipiente con cera de abeja derretida, para sellarlo herméticamente. Incluso podemos hacer un tapón de madera para el recipiente si queremos poder cerrarlo bien. También podemos incorporarle una cuerda o una tira de cuero a modo de asa.

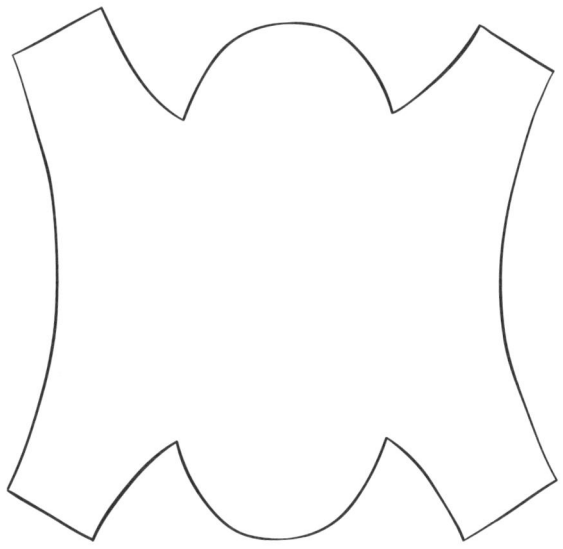

Plantilla para una taza

CALABAZAS

Las calabazas no las encontraremos en plena naturaleza, pero podemos plantarlas en nuestro campamento permanente o ir a buscarlas a alguna granja. Tanto los pueblos nativos americanos como los antiguos pioneros utilizaban calabazas para fabricar utensilios como recipientes, cucharones y tazas. Hay calabazas de todas las formas y tamaños. Una vez secas, se puede lijar o raspar la cáscara exterior, abrir la calabaza y retirar las membranas y semillas. Con la calabaza limpia, la cortamos en la forma deseada y luego la sellamos con cera de abeja.

BARCOS

A continuación, vamos a ver diferentes embarcaciones con las que transportar nuestro equipo e incluso desplazarnos nosotros mismos en caso de que sea necesario.

BALSAS

Una balsa es un método de transporte sencillo que nos permite transportarnos a nosotros o nuestro equipo por el agua y recorrer largas distancias. El mejor material para construir una balsa son los troncos, pero, como son redondeados, hay que asegurar al menos dos de ellos juntos para conseguir una base estable y evitar que rueden en el agua. En caso de emergencia, podemos amarrar (con un amarre en A y un nudo ballestrinque) dos o tres troncos en el extremo de la balsa donde nos vamos a montar mientras flotamos por el río o el arroyo en cuestión. Hay que tener muchísimo cuidado con los peligros que nos acechan en un medio acuático, no solo me refiero a los animales, también a los obstáculos y las rocas en los que se nos puede enganchar la ropa o las piernas y hacernos caer de la balsa en la corriente.

Si hay más tiempo para construirnos una balsa más segura, lo que hay que hacer es atar los troncos por ambos extremos, para que no giren en el agua. Siempre hay que intentar sentarse completamente fuera del agua en la balsa, incluso los días de mucho calor. Y hay que procurar que la balsa que construyamos sea lo suficientemente ancha para nuestra comodidad. Si el problema es que no disponemos de cordaje suficiente para amarrar los troncos, probaremos a utilizar travesaños más delgados en los extremos de la balsa y atarlos para fijar los troncos en su sitio. Una tercera opción es construirnos una especie de catamarán, con un único tronco en el centro y troncos más pequeños amarrados a ambos extremos con travesaños. Para navegar, apuntamos la proa del tronco central y nos servimos de un palo largo o un remo para guiarlo por el río.

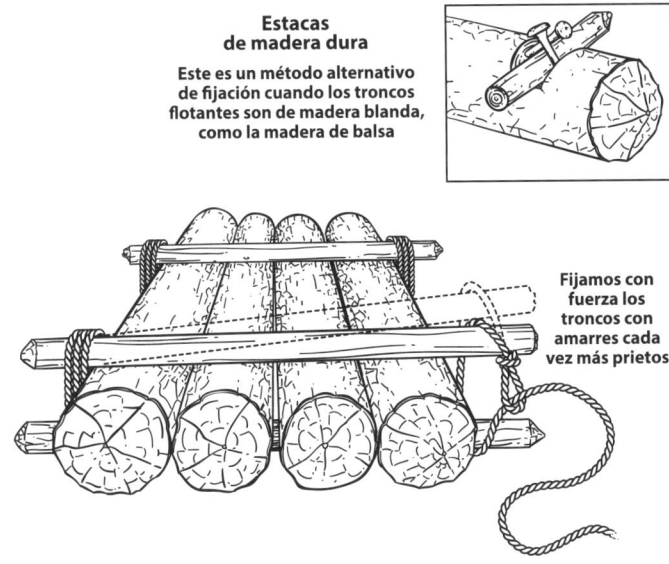

**Estacas
de madera dura**

Este es un método alternativo
de fijación cuando los troncos
flotantes son de madera blanda,
como la madera de balsa

**Fijamos con
fuerza los
troncos con
amarres cada
vez más prietos**

Construcción de una balsa

BALSA DE PLATAFORMA

Podemos construir una balsa de plataforma si juntamos varios troncos juntos para construir una base más grande. Esta plataforma podemos fijarla de varias maneras, dependiendo de los recursos que tengamos a mano. Los **tensores de tronco** son unas piezas de metal que podemos retirar cuando ya no necesitemos la balsa y así reutilizarlos después en el campamento para otros menesteres. Antiguamente, estos tensores en forma de letra U se clavaban en dos troncos, uno junto al otro, y luego se escalonaban para construir una plataforma de balsa más grande. Los clavos, introducidos en los travesaños de la balsa de plataforma, le daban una estructura más permanente. También podemos atar los troncos y recuperar las cuerdas al final de nuestro trayecto. Este tipo de balsas ofrecen la posibilidad de incorporar un timón para la dirección en la parte trasera, integrado en una especie de soporte elevado. Además, estas balsas pueden ser lo bastante grandes como para albergar una tienda de campaña para dormir. También se les puede instalar un asiento para viajes largos.

BALSA A VELA

Cuando hablaba de construir una equipación para las estancias largas en plena naturaleza (en el capítulo 1), mencioné la versatilidad que tienen las **lonas enceradas**. Se trata de un material lo suficientemente ligero como para que nos sirva de vela en nuestra balsa. Al ensamblar la balsa, hay que hacer una muesca en el tronco del centro de la cubierta, a unos 20-25 cm de profundidad, para poder fijar ahí un mástil. Para el mástil, utilizaremos un tronco verde que mida unos 8 cm de diámetro y afilaremos la punta un poco para que se clave mejor en el agujero. Con los amarres que ya tiene una lona de tipo Tentsmiths podemos sujetarla a un lado del palo que nos sirve de mástil. Podemos usar un poste de refuerzo de 4 cm de diámetro desde el mástil a unos dos amarres desde la base hasta la esquina superior exterior de la vela, como muestra la imagen, y luego utilizar otra cuerda en la esquina inferior exterior para poder controlar la vela en función del viento.

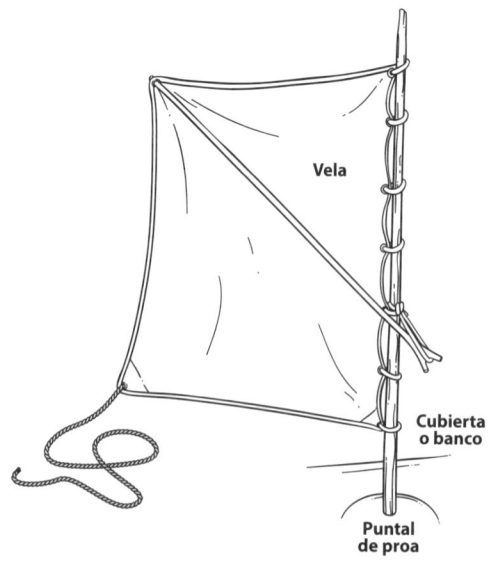

Colocación de una vela

TIMONES DE COLA

Un timón nos permite dirigir el barco hacia la derecha o hacia la izquierda mientras navegamos. Los timones son, básicamente, remos largos que van sujetos a la parte trasera de la balsa y quedan sumergidos en el agua. Para fijar el timón en su sitio necesitaremos un objeto fijo o un soporte. También necesitaremos un punto de apoyo para el timón. Podemos fabricar ambas cosas fácilmente con una rama en forma de letra Y colocada en un agujero parecido al agujero para el mástil, pero esta vez hay que hacerlo en la parte trasera de la balsa.

ANCLAS

En algunas ocasiones quizá sea necesario anclar el barco si queremos pararnos a pescar o a descansar. Fabricar un ancla es una cosa increíblemente sencilla, y el material con el que fabricarla queda a la elección personal de cada uno. Una simple bolsa llena de rocas atada a la balsa ya es suficiente. Incluso podemos improvisar un ancla con placas de ferrocarril.

REMOS

Hay que diferenciar entre remo y remo de barco, dos términos que a menudo se confunden. Los remos de barco suelen ir por pares, acostumbran a ser más largos y delgados, y van fijados a la embarcación con un soporte de anclaje. Los remos o palas pueden ser de una o dos caras y tener cualquier forma. Se usan a mano para impulsar la embarcación. El tipo de material con el que se fabrican tanto los remos como los remos de barco puede marcar una tremenda diferencia a la hora de manejarlos y maniobrar la embarcación.

CONSEJO BUSHCRAFT

Con remos tipo pala es más fácil maniobrar un barco, lo cual los convierte en unos accesorios muy preciados. De hecho, los remos hechos a mano por los indios nativos americanos solían estar bellamente decorados, con grabados y tallas, y eran auténticas obras de arte. Es muy valioso saber tallar correctamente un remo, tarea para la cual es preferible utilizar maderas duras.

Conviene que utilicemos piezas de madera que midan al menos 15 cm de ancho para que nos sirvan como remo de tipo pala. La longitud dependerá de nosotros, pero conviene empezar al menos con un remo cuya longitud sea igual que la que va de nuestra barbilla hasta el suelo. A partir de ahí, los remos que sean más cortos y tengan la pala más ancha funcionarán bien como espadillas o remos cortos.

BULL BOATS

Algunas tribus nativas americanas utilizaban unos botes llamados *bull boats* para transportar pieles, provisiones y leña desde las zonas río arriba hasta el campamento. Son unos barcos ligeros, que podían transportarse fácilmente por tierra y guardarse hasta que se necesitaba utilizarlos. Como se trata de un bote redondo, la mayor parte de la navegación se realiza remando. Los primeros botes de este tipo se construían con un armazón de madera y se cubrían con piel de búfalo, con la parte del pelaje en el exterior, en contacto con el agua. La piel se secaba y se curtía, formando una capa exterior dura, impermeable y duradera. Muchas veces la cola del animal se dejaba en la piel, para utilizarla como amarre o para remolcar el bote.

Hoy en día todavía podemos construirnos un *bull boat*, pero hay que hacerlo con una lona bien robusta en lugar de una piel de búfalo. Téngase en cuenta que utilizar una lona de plástico no es buena idea, porque se rasga fácilmente si se engancha en una rama o en cualquier obstáculo en aguas poco profundas.

Para construir un *bull boat* necesitamos varias ramas verdes flexibles, de un diámetro de entre 4 y 5 cm, para montar la estructura. Primero construiremos un aro del tamaño que queramos que tenga el bote. Colocaremos el aro en el suelo y le ataremos una rama verde doblada de punta a punta por el centro. Después doblamos cuatro ramas más y las atamos a la mitad de la distancia en ambas direcciones. Así conseguiremos una estructura sólida que podremos revestir con una lona para crear nuestro *bull boat*. Para colocar la lona, lo mejor es situar la estructura en posición vertical sobre la lona que vamos a utilizar y meter todo el material sobrante dentro de la estructura. Si la lona no tiene enganches, podemos utilizar cazonetes o piedras pequeñas para asegurarla a la estructura. Para aumentar la flotabilidad del bote, podemos construir un círculo de flotación por su parte exterior. Para ello, clavaremos unas estacas en el suelo y las rodearemos con arcos, que ataremos alrededor del perímetro del bote. Terminaremos el círculo de flotación como la estructura del bote y lo revestiremos de la misma manera. La gran ventaja de este tipo de bote es su flotabilidad.

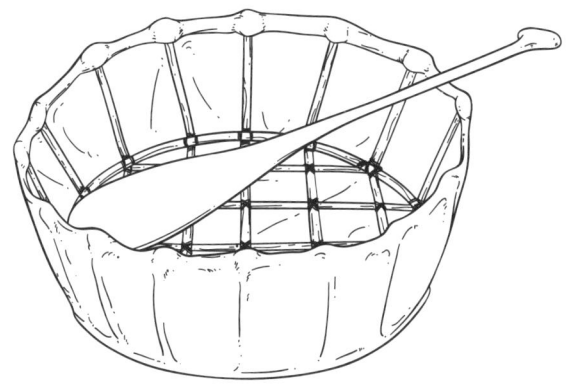

Bull boat

CANOA DE TRONCO

Las canoas de tronco son una de las embarcaciones más resilientes que hay. Dicho esto, también son muy difíciles de construir. Se necesita un buen árbol de madera ligera, como un álamo. La madera de álamo será más fácil de tallar o de quemar, según el método que elijamos. La de Daniel Boone estaba hecha con un tronco de tulípero. Para fabricar una canoa de este tipo necesitamos un hacha de buena calidad y otras herramientas de talla. Seleccionaremos un tronco que sea, como mínimo, una vez y media más ancho que nosotros y que mida entre 2,5 y 3,5 m de largo. El tamaño realmente dependerá del tiempo que tengamos para construir la canoa y de la equipación que vayamos a transportar en ella.

Cuando el tronco está listo, tallamos las puntas en forma de cuña, lo cual facilitará el desplazamiento de la canoa por el agua, y retiramos la corteza del tronco, una tarea que resulta más fácil en primavera que en invierno. Acto seguido hay que vaciar el tronco para su posterior procesamiento. Marcamos una línea de talla en el tronco, situada, aproximadamente, a unos dos tercios de altura desde la base del tronco. Podemos marcarla extendiendo una cuerda manchada de carbón, así crearemos una línea visible por donde cortar.

A continuación, haremos una serie de cortes en V a lo largo del tronco, sobre la línea, separados entre sí por unos 90 cm. Giraremos el tronco de lado y, con el hacha, vaciaremos las áreas situadas entre los cortes en V. A esto se le llama escuadrar el tronco y es el mismo proceso que se utiliza para hacer madera dimensional a partir de un tronco redondeado. Cuando ya tengamos una superficie plana, daremos otra vez la vuelta al tronco y decidiremos qué método vamos a emplear para hacer la cavidad central, donde vamos a sentarnos para navegar: podemos quemar la madera o talarla, según las herramientas de las que dispongamos. Si tenemos una azuela, podemos combinarla con un hacha. Otra opción es quemar la cavidad, igual que haríamos para hacer un cuenco: quemar y rascar, quemar y rascar, hasta conseguir la profundidad y el ancho deseados para la cavidad. La ventaja de hacerlo con la azuela y el hacha es que el tronco se secará más lentamente y eso hará más difícil que se agriete.

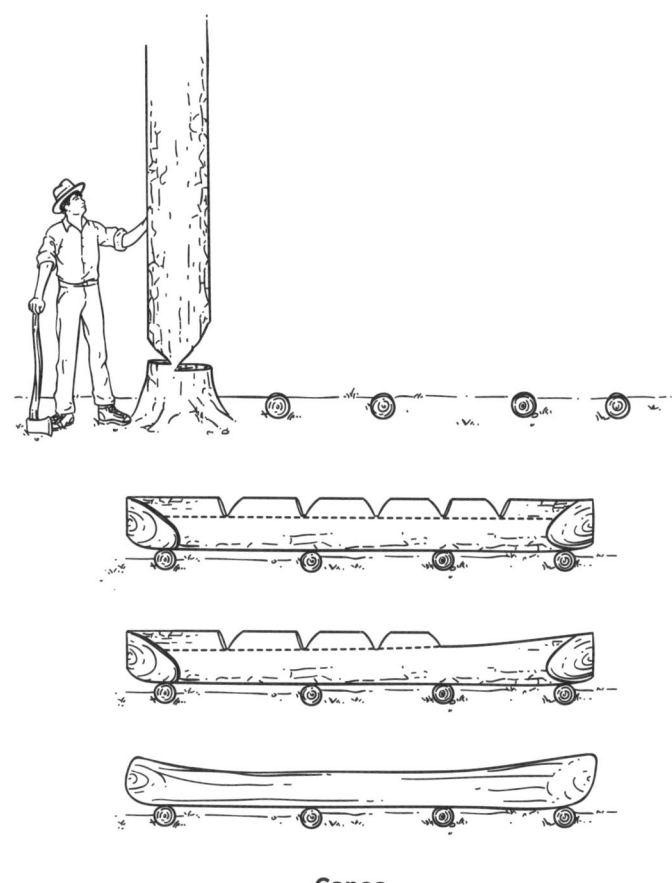

Canoa

BASTIDORES

Un bastidor, aunque no sea un recipiente ni un sistema de transporte, nos permite transportar cargas de forma cómoda en largas distancias. Los bastidores tienen varias configuraciones, desde un simple triángulo de tres palos hasta marcos circulares o tablas. La posibilidad de desmontar la mochila del bastidor y usar el bastidor para transportar otras cosas, como leña o presas que hemos cazado, es lo que hace de los bastidores unas piezas tan valiosas en las excursiones largas. Es fácil improvisar unos amarres para el bastidor con una cuerda, con malla o con cinta americana.

TRUCOS Y CONSEJOS

1. Al construir nuestra embarcación hay que tener en cuenta que cualquier bote o barco necesita desplazar más agua por volumen que el peso que está destinado a transportar.

2. Hay que recordar que una embarcación pequeña, como un *bull boat*, se puede utilizar para transportar una parte de nuestra equipación por el agua, arrastrándola con una cuerda, pero *nunca* hay que poner todo nuestro material en un solo sitio. Siempre hay que llevar una parte de la equipación en una segunda embarcación, por si la primera vuelca o se hunde.

3. Siempre hay que procurar construir nuestra embarcación junto al agua, así no tendremos que transportarla un largo trecho cuando la tengamos terminada.

4. Si para construir una canoa vamos a quemar la madera para hacer la cavidad central, es conveniente cubrir con barro los bordes del espacio de trabajo, ya que el barro es un retardante del fuego.

5. Cuando no es posible contar con ningún método de transporte, es sorprendente saber el poco peso que podemos llegar a transportar cómodamente en largas distancias. Para una persona promedio el límite de carga a transportar es de unos 13,6 kg. Si podemos hacer más de un viaje al campamento con provisiones, cada carga resultará más ligera y podremos transportar más material.

Apéndice A

TARPS
Y
CONFIGURACIONES

En este apartado he incluido un repaso rápido a las configuraciones básicas de *tarp* para montar el campamento. Esta forma de refugio temporal, si se construye bien, nos protegerá del viento y la lluvia. También podemos montarnos una cama para combatir la convección que emana del suelo.

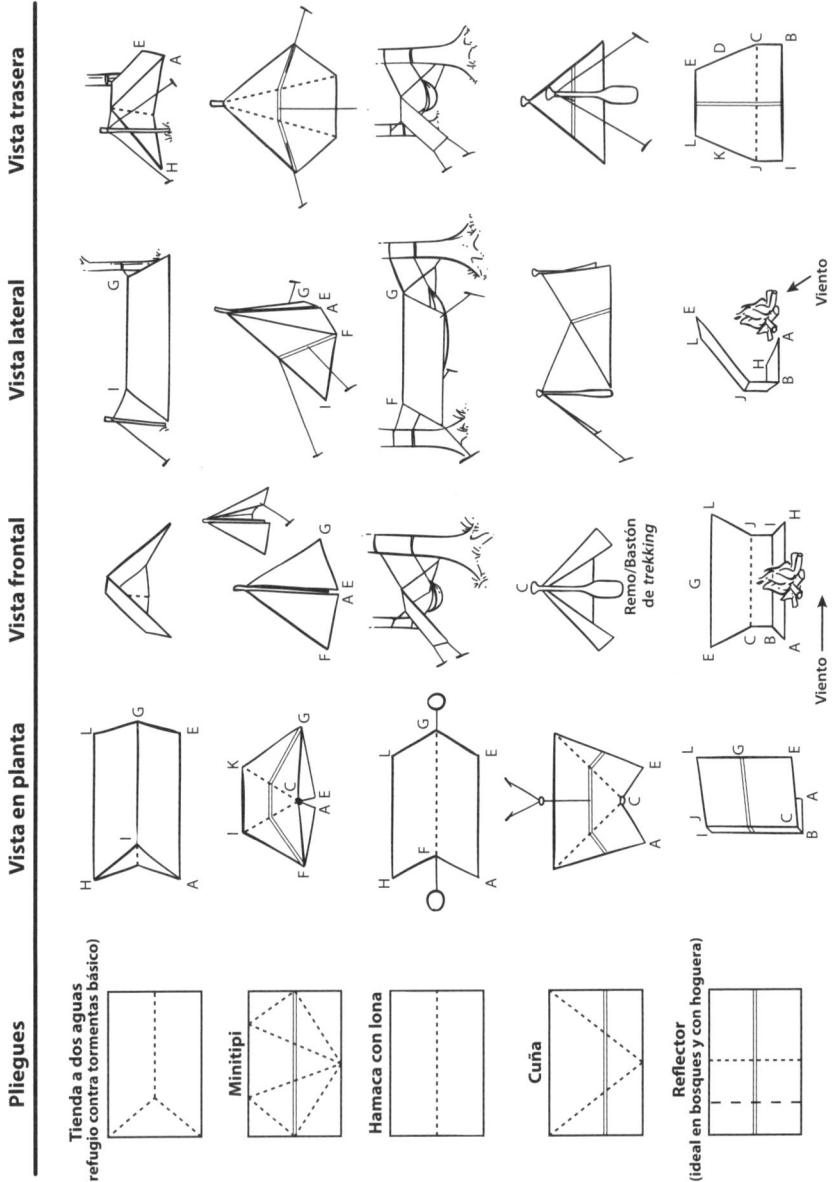

Pliegues   **Vista en planta**   **Vista frontal**   **Vista lateral**   **Vista trasera**

Tienda a dos aguas
(refugio contra tormentas básico)

Minitipi

Hamaca con lona

Cuña

Reflector
(ideal en bosques y con hoguera)

Remo/Bastón
de trekking

Viento

— Apéndice B — COCINAR EN OLLA DE HIERRO

Los utensilios de cocina de hierro fundido han sido un elemento básico en los campamentos desde la llegada de los primeros colonos a Norteamérica. La olla de hierro fundido es el utensilio de cocina más versátil de nuestra equipación. Con ella podemos hervir, freír, hornear y cocinar a la brasa. Podemos ponerla directamente sobre las brasas e incluso darle la vuelta a la tapa para usarla como una plancha donde preparar tortitas.

CUIDADOS DE LA OLLA DE HIERRO

Una olla de hierro bien cuidada puede durar para siempre. Recordemos que los enseres de hierro fundido nunca hay que lavarlos con jabón, solo hay que pasarlos por agua y limpiar cualquier resto de grasa y comida con un paño. Si la olla está bien curada, quizá ni necesitemos limpiarla con agua, solo tendremos que pasarle un paño después de usarla. Antes de estrenar la olla de hierro fundido hay que curarla bien siguiendo las instrucciones del fabricante.

CURAR LA OLLA DE HIERRO

A menudo las ollas de hierro se venden provistas de una capa de cera que impide que se agrieten cuando están en el almacén o cuando se transportan desde la fábrica. Para eliminar esta capa de cera, colocamos la olla de hierro en el horno a 180 grados, y hacemos lo mismo con la tapa. Es buena idea colocar una bandeja de hornear debajo, forrada en papel de aluminio, mientras retiramos la cera, por si acaso suelta algún residuo. Durante este proceso la olla acostumbra a echar mucho humo, ¡que nadie se alarme! Cuando deje de humear, es señal de que la olla ya está lista para que la curemos. Primero de todo, cuando se haya enfriado, la lavaremos con agua y jabón (y será la única vez que dejaremos que entre en contacto con el jabón).

Curar la olla de hierro la sella, evita que se oxide y que la comida sepa a metal. Para hacerlo, calentamos el horno a 220 grados. Limpiamos la olla con un trapo empapado en aceite de oliva y la embadurnamos bien por dentro y por fuera, por arriba y por abajo, y hacemos lo mismo con la tapa. Luego la ponemos en el horno y la dejamos una hora o algo más, hasta que deje de humear. Este proceso hay que repetirlo tres veces. Cuando hayamos terminado, habrá que examinar bien la olla, para comprobar que no queda ni un solo milímetro de su superficie sin curar. Al finalizar, la olla debería tener un acabado brillante.

ARDILLA GUISADA

6 raciones

60 g de beicon cortado en dados
1 cucharadita de sal
¼ de cucharadita de pimienta
2 cucharadas de harina
2 ardillas limpias, cortadas en 6 trozos cada una
2 cebollas grandes, cortadas finas
2 tazas de caldo de ternera o de pollo
Las hojas de 2 ramas de apio
1 bote de judías
2 tomates grandes maduros, pelados
1 taza de granos de maíz
1 cucharadita de salsa Worcestershire

1. Freír el beicon en la olla hasta que se dore y apartar.
2. En un cuenco mediano o en un plato, mezclar la sal y la pimienta con la harina. Rebozar la carne de ardilla en la harina y saltearla con la grasa que ha dejado el beicon en la olla hasta que se dore por todos los lados.
3. Incorporar la cebolla y cocer hasta que se ablande. Echar el caldo y las hojas de apio. Tapar y cocinar a 180 grados durante 1 h.
4. Retirar las hojas de apio y añadir las judías, los tomates, los granos de maíz y la salsa Worcestershire, y cocer durante 30 min hasta que las hortalizas estén tiernas. Retirar el exceso de grasa y espesar la salsa con más harina y ½ taza de agua fría. Servir caliente con el beicon por encima.

SOPA DE *COWBOY*

6-8 raciones

2 cucharadas de aceite de oliva
450 g de carne picada de ternera
1 cebolla mediana, cortada en dados
1 patata roja, cortada en dados
1 bote de guisantes
1 bote de judías verdes
1 bote de maíz
1 bote de tomate cortado en dados
1 bote de judías en salsa
Chile en polvo
Laurel
Nuez moscada
Sal
Pimienta

1. Echar el aceite en la olla y dorar la carne de ternera y la cebolla juntas. Incorporar el resto de ingredientes excepto los aderezos. No escurrir.
2. Hervir a fuego lento hasta que las patatas estén tiernas, unos 20 min. Incorporar los aderezos y cocinar otros 30 min.

PATATAS CON CALDO

6-8 raciones

2 tazas de agua
4 tazas de caldo de ternera
800 g de patatas nuevas, peladas y cortadas en dados

1. Calentar el agua y el caldo hasta que hiervan.
2. Echar las patatas a la olla y cocinar durante 15 min o hasta que estén tiernas. Servir como sopa dentro en la olla.

TORTITAS DE HARINA DE MAÍZ

Dos docenas de tortitas de 7,5 cm

1 taza de harina de maíz amarilla
½ cucharadita de bicarbonato
½ cucharadita de sal
2 huevos grandes, ligeramente batidos
1¼ tazas de suero de mantequilla
2 cucharadas de manteca vegetal derretida

1. Mezclar la harina, el bicarbonato y la sal en un bol pequeño y reservar.
2. Mezclar los huevos y el suero de mantequilla en otro bol e incorporarlos a la mezcla seca. Añadir la manteca vegetal derretida.
3. Para cada tortita, echar 2 cucharadas de la mezcla sobre la tapa invertida de la olla de hierro, caliente y ligeramente engrasada. Darle la vuelta a la tortita cuando empiecen a aparecer burbujas y los bordes se empiecen a ver dorados.
4. Servir con sirope si se desea.

PAN FRITO

8 raciones

Manteca vegetal, para freír
2 tazas de harina común
½ taza de leche en polvo sin grasa
1 cucharada de levadura
¾ de cucharadita de sal
¾ de taza de agua tibia
Canela
Azúcar

1. Derretir la manteca vegetal en la olla de hierro, de modo que suba unos 5 cm.
2. Mezclar la harina, la leche en polvo, la levadura, la sal y el agua. Amasar sobre una superficie enharinada. Tapar y dejar reposar 15 min.
3. Cortar la masa en 8 porciones, aplastarlas y enrollarlas con un grosor de 5 cm.
4. Echar las porciones en aceite caliente y freírlas durante 2 min o hasta que estén hechas. Espolvorear con canela y azúcar.

GUISO RÁPIDO Y FÁCIL

8-10 raciones

8 rebanadas de pan
800 g de salchichas, doradas
450 g de queso Cheddar rallado
12 huevos grandes
1 l de leche
1½ cucharaditas de mostaza seca
1 cucharadita de sal

1. Forrar una olla de hierro con papel de aluminio. Engrasar el papel de aluminio con mantequilla o con aceite.
2. Partir las rebanadas de pan a cachitos y echarlos en la olla.
3. Deshacer las salchichas, echarlas sobre el pan y cubrirlas con queso.
4. En un bol aparte, mezclar los huevos, la leche, la mostaza seca y 1 cucharadita de sal. Echar la mezcla en la olla, sobre las salchichas y el pan.
5. Tapar y cocinar durante 35-40 min a 180 grados, echando un vistazo de vez en cuando.

POLLO A LA CAZUELA

6–8 raciones

Un pollo entero (450 g o más)
½ cucharadita de sal
¼ de cucharadita de pimienta
1 cucharadita de aderezo para pollo
¼ de cucharadita de albahaca seca

1. Lavar y secar el pollo. Espolvorear la cavidad con sal, pimienta y aderezo para pollo. Introducir en la olla de hierro y espolvorear con albahaca seca.
2. Tapar la olla y cocinar durante 4-6 h a 135 grados o hasta que esté tierno.

POLLO CON VERDURAS

6-8 raciones

3 zanahorias grandes, peladas y cortadas en dados
1 cabeza de brócoli cortada en floretes (los tallos se desechan)
2 patatas rojas, peladas y cortadas en dados
1 pollo entero
1 taza de harina
1 cucharada del aderezo que nos apetezca
Aceite para freír

1. Cortar el pollo en 8 piezas. Pelarlo.
2. Mezclar la harina y el aderezo en una bolsa de plástico. Colocar dos piezas de pollo cada vez en la bolsa de plástico y agitarla. Retirar el pollo de la bolsa cuando esté bien rebozado y repetir con el resto de piezas hasta haber rebozado todo el pollo. Colocar las patatas en la bolsa y agitarla. Retirar las patatas de la bolsa.
3. Echar un poco de aceite en la olla y colocar la olla sobre la brasa. Cuando la olla esté caliente, incorporar el pollo y dorarlo. Escurrir la grasa del pollo.
4. Echar un poco de agua tibia. Colocar las patatas y las verduras encima del pollo. Tapar la olla y volver a colocarla sobre las brasas.
5. Cocinar durante 1 h o hasta que las verduras se vean tiernas y al pinchar el pollo el jugo salga claro.

— Apéndice C —
LAS NUBES

Conocer las nubes nos ayuda a predecir el tiempo. En este apartado explico cómo identificar las formaciones de nubes básicas.

Altocumulus: Son nubes grandes y grises que suelen indicar tormentas de tarde. Suelen verse a media altitud cuando el clima es húmedo.

Altostratus: Estas nubes de color gris azulado cubren todo el cielo y aparecen en altitud media antes de un frente meteorológico. Cuando estas nubes están en el cielo, apenas se ve el sol, quizá solo un poco si las nubes son muy finas. Estas nubes suelen indicar que se acercan precipitaciones generalizadas y continuas.

Cirrocumulus: Estas nubes de color blanco y aspecto hinchado son nubes de hielo que aparecen a gran altitud. Indican que se avecinan precipitaciones en las próximas 24 horas.

Cirrostratus: Son nubes muy delgadas y a veces parecen un halo alrededor del sol o de la luna. Son nubes de gran altitud, llenas de cristales de hielo. Indican la llegada de lluvia o nieve en las próximas 24 horas.

Cirrus: Nubes delgadas y tenues que se forman a gran altitud. Tienen un aspecto que parece cabello. Se desplazan de oeste a este e indican que se acerca el buen tiempo.

Cumulonimbus: Parecen enormes brotes de coliflor en el cielo. Pueden producir relámpagos, truenos, granizo y lluvias torrenciales. A veces, incluso pueden formar tornados.

Cumulus: Abultados por arriba y planos por abajo, aparecen a baja altitud y son indicadores de buen tiempo.

Mammatus: Se forman durante las tormentas eléctricas y parecen pequeñas bolsas. Son un indicador de que la tormenta se está debilitando.

Stratocumulus: De color gris o blanquecino, estas nubes tienen la base redondeada y se forman a baja altitud. Casi nunca dejan precipitaciones.

Stratus: De todas las nubes, estas son las que se forman a menor altura. Son grises y cubren todo el cielo. Recuerdan un poco a la niebla y a veces van acompañadas de una ligera llovizna, pero no suelen dejar grandes precipitaciones.

— Apéndice D —

ORIENTACIÓN PRIMITIVA

En el monte es fácil que nos hallemos en una situación que nos obligue a cambiar de ubicación o ir en busca de una zona nueva donde instalarnos. Si no contamos con una brújula fiable, es probable que tengamos que utilizar métodos de orientación primitivos para saber hacia dónde debemos dirigirnos.

En la orientación hay tres cosas importantes que tener en cuenta:

1. Tu sombra da mucha información sobre la dirección del sol.
2. En el hemisferio norte, el sol sale por el este y se pone por el oeste.
3. El sol traza un arco hacia el sur en el cielo, marcando el paso del tiempo durante el día.

Si tenemos en cuenta estas tres cosas, deducimos que cuando nos despertamos por la mañana, el sol estará en el sureste. Cuando nos acostemos al anochecer, el sol estará en el suroeste. Durante el día, si damos la espalda al sol, estamos mirando hacia el norte. Si estamos mirando hacia el sol, estamos mirando «hacia el sur»; y digo «hacia el sur» porque casi todos los sistemas de orientación primitiva indican el camino correcto, pero no nos dan el punto cardinal con precisión.

LA REGLA DE ALTITUDES IGUALES

Para trazar una línea correcta de este a oeste guiándonos por las sombras, hay que conocer la regla de altitudes iguales: *dos veces al día, una por la mañana y otra por la tarde, el sol estará a la misma altitud en el arco que traza en el cielo.* Solo en estos dos momentos del día toda sombra de cualquier objeto de medición, como un palo, tendrá la misma longitud. Esto significa que solo en estos dos momentos del día este objeto de medición marcará una línea perpendicular a una línea de norte a sur para proporcionar una línea fiable de este a oeste. Tendremos que utilizar cualquier palo de sombra durante varias horas, tanto antes como después del mediodía, cuando el sol se ponga en su trayectoria hacia el sur.

EL MÉTODO DEL PALO DE SOMBRA

Durante siglos, el método del palo de sombra ha sido la base de la orientación primitiva. Los viajeros lo utilizaban para dar primero con una línea este-oeste y, después, con una línea norte-sur. Sin embargo, por mi experiencia puedo decir que este sistema es muy inexacto, porque la mayoría de la gente desconoce sus reglas más básicas.

Cómo elegir un palo de sombra

Hay que dar con un palo de sombra que mida, como mínimo, 60 cm de largo. Necesitamos un palo que podamos clavar en el suelo, en una zona llana y sin obstáculos, de modo que pueda proyectar su sombra. A partir de ahí podemos seguir el movimiento de la sombra mientras el sol siga trazando su arco. Por la mañana colocaremos el palo en el suelo y marcaremos el final de la sombra con una pinza o una estaca. Esta sombra, por la mañana, señalará una dirección hacia el oeste. Esperaremos al menos un par de horas después del mediodía y colocaremos otra pinza o estaca en el suelo al final de la sombra. Y esto lo haremos cada hora. Tras colocar la última pinza o estaca en el suelo, pasamos un palo o una cuerda entre las dos pinzas o estacas más exteriores, y esta será nuestra línea este-oeste.

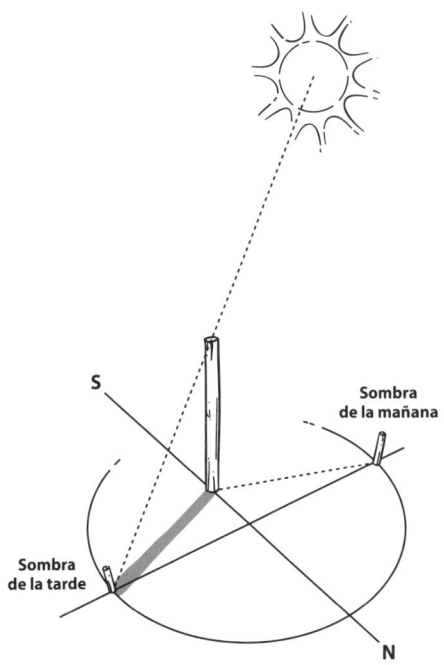

El palo de sombra

EL MÉTODO DE LA BRÚJULA SOLAR

Para hacer una brújula solar buscaremos un trozo de madera pequeño, que mida al menos 13 × 18 cm, y que funcionará como un minipalo de sombra portátil. Colocamos este trozo de madera a lo largo sobre la línea este-oeste que hemos trazado con el método del palo de sombra. Taladramos un agujero en el centro de la madera y colocamos un palo pequeño en el agujero. Este palo proyectará una sombra sobre la tabla. A continuación, vamos a seguir el movimiento del sol cada hora. Como referencia, el sol se mueve 15 grados cada hora. Esta vez vamos a marcar el final de la sombra en la misma tabla. Podemos utilizar un recipiente de base circular o algo similar para trazar la marca. Una vez hecha la marca, dividimos las líneas en incrementos de 15 grados, empezando por el centro y luego dos puntos de 45 grados para el noroeste y el noreste. Lo marcamos todo bien marcado en la tabla. La marca de 90 grados quedará en la parte trasera de la tabla. Colocamos un punto en la tabla cada hora durante un día entero con sol y luego, al final del día, unimos los puntos para formar una línea curva y habremos construido un reloj de sol.

Cuando hayamos completado todas las marcas, taladramos cuatro agujeros pequeños en las esquinas de la tabla para poder nivelarlo. Cuando necesitemos averiguar una dirección o calcular el tiempo, solo tendremos que sujetar la tabla con la parte trasera mirando hacia el sol y rotarla hasta que la sombra alcance la línea curva. Si colocamos nuestro reloj de sol en el suelo, nos indicará los puntos cardinales desde nuestra posición. Hay que tener en cuenta que este reloj de sol solo es preciso durante 30 días, hasta que la longitud de las sombras empiece a cambiar con el paso de las estaciones.

ORIENTACIÓN NOCTURNA

Existen muchos métodos para orientarse según las estrellas y las constelaciones, pero todos ellos son un poco complicados. Un buen amigo mío, John McCann, de Survival Resources, me enseñó un método que él llama LURD (*Left, Up, Right, Down* en inglés), que en español sería IADA (izquierda, arriba, derecha, abajo), que nos permite fijarnos en cualquier estrella (excepto la Estrella Polar, porque está muy arriba en el cielo) y no se basa en ningún grupo de estrellas en concreto. Hay que buscar una estrella —no un planeta— que esté por encima del horizonte, pero no muy arriba. Al moverse

APÉNDICE D | **241**
ORIENTACIÓN PRIMITIVA

la tierra, la posición de las estrellas cambia, y este movimiento es el principio básico por el que se rige el método LURD o IADA. Buscaremos un palo en forma de horquilla de unos 90 cm de largo y una superficie plana donde poder tumbarnos durante 30 min. Una vez tumbados en el suelo, colocamos el palo en el aire, con la horquilla mirando hacia arriba, y usaremos esa horquilla, que tiene forma de letra Y, como mirilla. Acto seguido buscaremos una estrella con la mirilla. Tenemos que estar cómodos y relajados, y procurar no mover el palo. Aquí es donde el acrónimo IADA (LURD en la versión original) cobra sentido: si la estrella se ha movido hacia la izquierda, estamos orientados hacia el norte. Si se ha movido hacia la izquierda y hacia arriba, estamos orientados hacia el noreste. Si se ha movido hacia la derecha y hacia abajo, estamos orientados hacia el sureste. Básicamente, izquierda, arriba, derecha, abajo se corresponden con los puntos cardinales norte, este, sur, oeste.

EL MÉTODO DE LA LUNA

También podemos fijarnos en las fases de la luna, salvo la luna nueva y la luna llena, para averiguar direcciones de una forma relativamente sencilla. Solo hay que observar la luna creciente y trazar una línea de punta a punta, y después hacia el horizonte. Esto nos indicará una dirección hacia el sur.

1. Para una mayor precisión, conviene usar una cuerda para verificar que las dos pinzas o estacas más alejadas del palo de sombra están a igual distancia del palo.

2. La orientación según el sol se rige por la hora aparente local, no por la hora estándar, y puede no coincidir con la hora que marque nuestro reloj, si es que llevamos uno.

3. El reloj puede servirnos para orientarnos, incluso aunque no tenga agujas. Si llevamos reloj, lo colocamos de forma que la aguja que marca las horas mire hacia el sol y la mitad de la distancia entre esta aguja y las 12 estará orientada al sur. Si tenemos un reloj digital, solo tenemos que dibujar en un papel un dial con agujas que coincida con el que llevamos en la muñeca.

4. El musgo no siempre crece en la cara norte de los troncos de los árboles, pero las partes donde hay más vegetación siempre estarán orientadas al sur, para aprovechar mejor la fotosíntesis.

5. Si talamos un árbol, los anillos de crecimiento nos pueden ayudar a averiguar la dirección; ya que los anillos más estrechos se verán más anchos en la parte del tronco que está orientada hacia el sur.

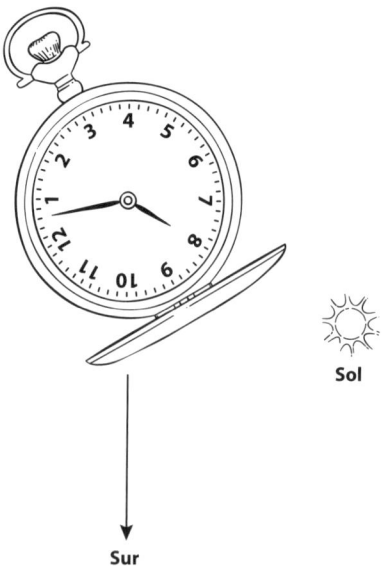

Sol

Sur

Usar el reloj como brújula

TABLERO DE SOMBRA

Deducir una dirección genérica a partir de las sombras es bastante fiable, pero puede resultar confuso si no se tiene mucha práctica. Si hace poco sol o si nos estamos desplazando, a menudo es difícil guiarnos por lo que nos indican las sombras. Sin embargo, podemos construirnos un tablero de sombra que nos ayude a orientarnos en este tipo de situaciones.

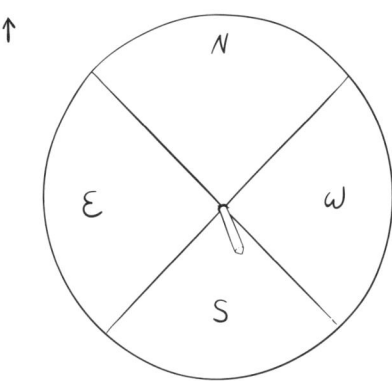

Cuadrantes del tablero de sombra

Todo lo que necesitamos es una superficie plana, como un tablero de madera, con pequeños rebordes. Dibujaremos en él un círculo utilizando una olla o una taza como plantilla, y lo dividiremos en cuatro cuadrantes trazando una X en el centro, como se muestra en la imagen arriba. En cada cuadrante vamos a escribir la primera letra de cada punto cardinal: NOSE. Se verá un poco diferente a un reloj de sol normal, pero recordemos que en este caso vamos a trabajar con el movimiento de las sombras y el sol. A continuación, hacemos un agujero en el centro de la X e insertamos en él un palo que proyecte una sombra dentro del círculo. Ahora solo tenemos que sujetar el tablero frente a nosotros y girarlo, dirigiendo la sombra hacia el cuadrante que marque el punto cardinal al que queremos ir. La parte delantera del tablero que hemos marcado como el cuadrante norte suele quedar en esa dirección, así en general. Para una mayor precisión, conviene prestar atención a la hora del día en la que estemos. Si el sol está más bajo porque es a primera hora de la mañana o a última hora de la tarde, habrá que colocar la sombra más hacia el este o el oeste en los cuadrantes.

Apéndice E

ESCALA DE DUREZA MINERAL

MINERAL	ESCALA MOHS DE DUREZA RELATIVA	PRUEBA DE RAYADO	OTROS DATOS
Talco	1	Se raya con la uña	Se usa en los polvos de talco
Aljez	2	Se raya con la uña	Es un ingrediente del yeso
Calcita	3	Se raya con una moneda de cobre	Se usa en el cemento
Fluorita	4	Se raya con la uña	Se usa en los dentífricos
Apatita	5	Se raya con la uña	Es un mineral de los huesos
Feldespato	6	Se raya con una lima de acero	Ingrediente del cristal
Cuarzo	7	Raya el cristal de las ventanas	Se usa en el cristal
Topacio	8	Raya el cristal	Piedra preciosa
Corindón	9	Raya el topacio	Rubíes y zafiros
Diamante	10	Raya el corindón	«El mejor amigo de una mujer»

Apéndice F
CONVERSIONES DE MEDIDAS

Esta es una tabla con conversiones sencillas para las unidades de medida más habituales que podemos encontrar.

CONVERSIONES DE MEDIDAS	UNIDADES MÉTRICAS
1 pulgada	2,54 cm
1 pie	30,48 cm o 0,3048 m
1 yarda	0,914 m
1 milla	1,609 km
1 onza	28,35 g
1 libra	454 g o 0,454 kg
1 onza fluida	29,574 ml
1 cuarto de galón	0,946 l
1 galón	3,785 l

ÍNDICE

aceite de abedul, 41
agua
    cocción a la piedra, 208–209
    contenedores, 208
    los cuatro elementos, 76–77
agujas de pino, 32, 64, 108
agujas para coser, 90
aguja para coser lona, 17, 90
agujas para coser redes, 119, 121–124
ahumado en frío, 159
ahumar carne, 159
álamo, 35–36, 40, 60, 109, 110, 219
alimentación, 147–160. *Véase* también
    cocinar en olla de hierro, trampeo
    conservación de la carne (secado/
        ahumado), 156–159
    fruta deshidratada, 153
    frutas, verduras y hierbas, 151–153
    frutos del bosque, 151–153, 160
    frutos secos, 150–151
    harinas y alimentos, 148–150
    pan de bellota y espadaña, 150
    plantas para la despensa, 154–155
    savias, 155–156
    trucos y consejos, 159–160
amarres, 107
anclajes, 105–107
animales, trampeo de. *Véase* trampeo
anticongestivo, 42
árboles. *Véase* también madera
    abedul, 39–41, 43, 72
    álamo, 35–36, 40, 60, 109, 110,
        219
    árboles muertos: precauciones para
        tener en cuenta, 77
    cómo identificarlos, 42, 43–44
    pino, 30, 31–33, 40
    procesar la madera, 178–179
    roble, 30, 37–38, 40, 185
    sasafrás, 38, 40
    sauce, 34–35
    uso responsable, 43
árboles muertos, 77
arcos y flechas
    arcos de madera de uso
        permanente, 188

arcos de madera verde de uso
    rápido, 185–186
cómo guardar el arco, 192
cuerdas y nudos, 191
disparar, 192
emplumado, 188–190
fabricación, 189–191
probar el *tiller,* 186–187
términos que hay que saber,
    184–185
ardilla guisada, 227
arena, para soldar, 197
arpón, 48–49, 144
azuelas, 175

ballestrinque, 101
balsas, 214–216
banco de campesino, 180
bancos de carpintero, 180
bandanas y bufandas, 19
barcos, 214–222
    anclas, 217
    balsas, 214–216
    bull boats, 218–219, 222
    canoas, 219–221, 222
    navegar a vela, 216
    remos/remos de barco, 217–218
    timón, 217
    trucos y consejos, 222
bastidores, 221–222
bastren, 176
bivies, 27
botas, 18–19
brea de abedul, 41
brújulas, 17, 239–240, 242
bucle deslizante, 101
bufandas, 19
bulbos, cómo almacenarlos, 154
bull boats, 218–219

cabañas de troncos, 84–85
calabazas, 213
calzado, 18–19, 170, 171
cama. *Véase* material para dormir
cama elevada, 90
campamento base, 77

candiles, las diez C, 17
canoas, 219–221, 222
carne, cómo conservarla (secado/
    ahumado), 156–159
caza, 48–49, 142–143
cazar aves, 138–141
cecina, 158–159
cemento natural, 86
cercas, trampeo, 131
cerillas, para el fuego 72
cestas, 209–210
cestería en espiral, 108–109
chaga (hongo para yesca), 40, 69
chaga, 40, 69
cincel, 197
cinchas, 124
cinta americana, las diez C, 17
cintas de carga, 124
coberturas, 17. *Véanse* artículos
    específicos
cocinar en olla de hierro, 225–233
    ardilla guisada, 227
    cuidado y curado de la olla de
        hierro, 225–226
    guiso rápido y fácil, 231
    pan frito, 230
    patatas con caldo, 229
    pollo a la cazuela, 232
    pollo con verduras, 233
    sopa de *cowboy*, 228
    tortitas de harina de maíz, 229
colchones, 90–91
colgado en frío, 159
combustión, 17. *Véase* artículos
    específicos
combustión solar, 71–72
cómo tejer cestas, 107–110
comodidad, artículos para la, 28
comodidades para el campamento,
    87–92
construcciones de tierra, 84–86
contenedor, 41
contenedores
    agua, 208
    calabazas, 213
    cestas, 209–210

en las diez C, 17
jackware, 212–213
plantilla para taza, 213
vasijas de barro, 210–212
conversión de medidas, 247
cordajes y cuerdas
    conservación, 96
    en la mochila, 93
    en las diez C, 17
    fabricación, 94–96
    natural vs. sintética, 94
corteza
    abedul, 39, 40–41, 72, 189, 208
    álamo, 36
    cestas, 109–110
    pino, 33
    sauce, 34–35
coser con agujas, 167
cuchillos
    bastren, 176
    cuchillo de cinturón, 22
    fabricación, 202–203
    fundas, 164
    machetes y hojas de corte largas, 22
    para tallar, 22
    tipos y funciones, 21–22
    tres cuchillos clave, 21
cuerda. *Véase* cordajes y cuerdas
cuerdas de tender, 89
cuero crudo, 164
cuevas y refugios en roca, 82–83
cuñas, 50
curtido de piel, 164–166

decocciones, 42–43
disparador para trampa por
    aplastamiento, 137
disparadores, 135–137
disparadores L7, 132, 137
duración y planificación de la salida, 16

elementos del taladro de arco, 59–63,
    65–66, 73
emplumar, 189–191
encendedores, 58, 71–72, 73
equipación, 15–28

accesorios, 28
artículos de confort, 25–27
artículos para el control de la
 temperatura corporal, 18–19
las diez C, 17
planificación, 16
refugio, 75
repaso, 15
trucos y consejos, 28
escala de dureza de los minerales, 245
escobas, 180–181
estacas para tiendas de campaña, 50
estacas y métodos de anclaje, 78–81
estrellas apaches, 144
estropajo, cómo fabricarlo, 192

farolillos, cómo construirlos, 87–88
flechas, cómo hacer. *Véase* arcos y
 flechas
fruta deshidratada, 153–154
frutas, verduras y plantas, 151–153
frutos del bosque, 151–153, 160
frutos secos, 150–151
fuego, 57–73
 carbonizar, 70–71
 cerillas, 72
 con taladro de arco. *Véase* taladro
  de arco
 encendido, 17, 58–59
 importancia y utilidades, 57
 leña, 30
 madera resinosa, 33, 72, 76
 métodos de encendido primitivos,
  58–59
 pedernal, 69–71
 solar, 71–72
 triángulo de fuego, 59
 trucos y consejos, 73
fuelles, 196

guantes de piel, 19
guantes y mitones, 19
guiso rápido, 231

hachas
 cambiar el mango, 23, 182–184

fabricación, 203
 modelos y tamaños, 23, 174
hachuelas, 23–24, 203
hamacas, 26, 78, 91
harina de bellota, 148–149
harina de espadaña, 149
harinas y alimentos, 148–150
hendedor, 175–176
herramientas. *Véanse* también
 herramientas específicas
 cambiarles el mango, 28, 182–184
 cómo comprarlas (acrónimo
  FARMED), 20
 de madera, cómo fabricarlas, 45–55
 herrería, 194–197
 lo más importante, 20–25
 trabajar la madera, 173–179
 trucos y consejos, 28
herramientas de corte. *Véanse* también
 las herramientas más importantes, 20
 en las diez C, 17
herramientas para trabajar
 la madera, 173–179
herramientas para tallar, 22
herrería, 193–205
 arena para soldar, 197
 colores, 202, 204
 fabricar cuchillos y hachas,
  202–203
 herramientas, 194–197
 normalización del acero, 200
 perspectiva histórica, 193–194
 recocer acero, 201
 revenido del acero, 202
 soldadura por forja, 203, 204
 temple del metal, 201
 tipos de metal y fuentes, 198–200
 trabajar con metal duro, 200–205
 tratar el metal con calor, 201
 utensilios útiles para la forja, 205
hervido a la piedra, 208–209
hierbas y especias silvestres, 155–156
hojas y sus usos, 34–39, 90–91
hongos que sirven de yesca, 40,
 69–70, 71

iluminación, 87–88
infusiones, 42

jabón, cómo fabricarlo, 88
jackware, 212–213

ladrillos, cómo hacerlos, 86–87
lana merina, pantalones de, 18
lanza (arpón), 48–49, 144
las diez C, 17
lazos. *Véase* trampeo
letrina de pozo, cómo se construye, 89
letrinas, 89

machetes, 22
madera. *Véase* también árboles
    asegurar troncos (tensores de
        troncos), 177–178
    bancos de trabajo, 180
    cuñas para cortar leña, 50
    escoba, 180–181
    estropajo, 192
    herramientas para mover troncos,
        53–54
    herramientas para trabajarla,
        173–179
    herramientas que construir con
        madera, 45–55
    los cuatro elementos, 76–77
    madera dimensional, 178–179
    partir leña, 30
    quema, características según la
        especie de árbol, 30
    test de densidad, 192
    trucos y consejos, 192
    virutas para el encendido, 72
    yunque para cortar leña, 47
madera resinosa, 33, 72, 76
manejo de los recursos, 11
mango, 61–62, 67
mantas de lana, 25, 27, 88, 89, 90
martillo, 196
material carbonizado, 70–71
material para dormir
    bivies, 27
    cama elevada, 90

colchones, 27
cómo dormir, 90
hamacas, 26, 78, 91
mantas de lana, 25, 27, 88, 89, 90
preparar la zona para dormir, 91
trucos y consejos, 91–92
materiales de algodón, 17
mazo, 49
metal, cómo trabajarlo. *Véase* herrería
métodos de anclaje, 78–81
minerales, escala de dureza, 245
mocasines, 19, 170, 171
molinete, 51–52, 134

nasa, 123–124, 130
nido de pájaro, 63–65, 68–69
nubes, conocer las, 235–236
nudo canadiense, 100
nudo constrictor, 103
nudo cuadrado (de rizo), 98–99
nudo de barril / nudo de sangre,
    102–203
nudo de tope, 97
nudo de trailero, 106
nudo en ocho, 104
nudos
    amarres, 107
    anclaje corredizo, 105
    anclajes, 105–107
    as de guía, 104–105
    ballestrinque, 101
    bucle deslizante, 101
    canadiense, 100
    constrictor, 103
    corredizos, 101–102
    cuadrado (de rizo), 98–99
    de barril / de sangre, 102–103
    de cierre, 103–105
    de empalme, 99–101
    de madera, 106–107
    de mariposa, 101–102
    de tope, 97
    de trailero, 106
    de unión, 98–99
    de vuelta de escota, 98
    en ocho, 104

para la cuerda del arco, 191
presilla de alondra, 100
trucos y consejos, 124
nudos corredizos, 102–103
nueces, 151
nueces pacanas, 150–151

orientación primitiva, 237–243

palo arrojadizo (o para cavar), 45–46,
143
palo batidor, 113, 124
pan de bellota y espadaña,150
pan frito, 230
pantalones de lana merina, 18
patatas con caldo, 229
patrón para camisa, 169
patrones, de camisa y mocasín/
sandalia, 169–170, 171
pedernal, cómo encender fuego con,
69–71
pesca, redes y trampas para la, 121–
123, 128–132
piedra de afilar, 197
piel, cómo fabricarla (curtido),
164–166
pieles
curtido de piel, 164–166
descamisar, 162
descarnar y secar, 162–163
desollar, 163–164
desuello partido, 163–164
pieles sin curtir, 164
procesado de pieles grandes,
163–164
procesado de pieles pequeñas,
161–163
trucos y consejos, 171
pino, 30, 31–33, 40
pinzas, 197
piñones, 150
planificación, 16
plano inclinado, 53
plantas y productos medicinales
abedul, 39, 40, 41
álamo, 35–36, 40

cataplasma, 43
chaga, 40, 69
cómo reconocerlas, 12
decocción, 42–43
fomentación, 43
infusión, 42
lavado, 43
métodos de preparación, 42–43
pino/savia de pino, 32, 40
roble, 37, 40
sasafrás, 38, 40
sauce, 34, 40
tabla de propiedades medicinales,
40
plantilla para taza, 213
plumas, cómo colocarlas en las flechas,
189–191
pollo con verduras, 233
presilla de alondra, 100
puntadas para remendar y coser ropa,
168–169
punzones, 25

raíces (usos) 33
raíces y tubérculos, 155
recetas. *Véase* pan de bellota y
espadaña; cocinar en olla de hierro
recursos naturales, 29–44. *Véase*
también árboles; madera
método ITEM, 42
qué son, 29
uso responsable, 43–44
red de cerco, 130
redes y cómo confeccionarlas, 121–
124, 128–130
refugios, 75–91. *Véase* también
material para dormir
cabañas de troncos, 84–85
campamentos itinerantes, 78–81
campo base, 77
cementos naturales, 86
comodidades del campamento,
87–92
configuraciones de *tarps*, 223–224
construcciones de tierra, 85–87
cuevas y refugios de roca, 82–83

equipación, 75
ladrillos, 86–87
los cuatro elementos, 76–77
métodos de anclaje, 78–81
plataformas elevadas, 83–85
refugios permanentes, 82–85
tepe, 85
tiendas de campaña, 26, 78–81
refugios de plataforma elevada, 83–85
refugios de roca y cuevas, 82–83
refugios, diseño en arco, 83–84
resinas, pino, 31–33
roble, 30, 37–38, 40, 185
ropa
en la mochila, 18
patrones básicos de ropa y calzado,
169–170, 171
remendar, 168–169

sal, 156–158, 159–160
salabres, 129
sandalias, patrón, 170
sasafrás, 38, 40
sauce, 34–35
savia/resina de pino, 31–32
savias, 31–32, 155–156
secar carne, 156–159
señales de animales, 127–128
sierra de arco, serrucho, o sierra de
bastidor, 24–25, 28, 177
sierras
de arco, serruchos, de bastidor,
24–25, 28, 177
de hoja fija, 24
plegables, 24
sirope y azúcar de arce, 155–156
sombreros, 19
sopa de *cowboy*, 228

taladro de arco, 54, 59–69
cómo construirlo, 54, 60–63
cómo hacer fuego, 65–69
componentes, 59–63
con nido de pájaro, 63–65, 68–69
el triángulo de fuego, 59
ilustración, 54

trucos y consejos, 73
tarps y configuraciones, 223–224.
Véase también refugios
tejer
cestas, 107–110
tabletas, 114–115
tejido cruzado, 112
tejido en diagonal manual, 111
telares, 112–113, 115–121
terminología, 110
trucos y consejos, 124
tejido con tabletas, 114–115
tejido en diagonal manual, 111
telar de bosque, 112–113
telar de cinta, 117–120
telar de cintura, 121
telar de clavijas simple, 115–117
telares, 112–113, 115–121
temperatura corporal, control de la,
18–19
tenazas/pinzas, 197
tender, cuerdas de, 89
tensores de troncos, 177–178
tepe, para la construcción, 85
tiendas de campaña, 26, 78. Véase
también refugios
tirachinas, 144–145
tocón yunque, 47
tomahawks, 23, 203
torniquete, 52
tortitas de harina de maíz, 229
trampa ojibwa, 139–140
trampas acuáticas, 128–132
trampas jaula, 140–142
trampas por aplastamiento, 132–134
trampeo, 125–145
alimentos vivos, pros y contras, 141
aves, 138–142
caza, 48–49, 142–145
comportamiento animal, 126–127
disparadores, 132, 135–137
lazos, 134–135, 138
redes y confección de redes,
121–124
señales de animales, 127–128
trampa de molinete, 134

trampas acuáticas, 128–132
trampas jaula, 140–142
trampas por aplastamiento,
  132–134
trampas primitivas, 132–137
trucos y consejos, 145
un repaso, 125–126
troncos. *Véase* madera
tubérculos y raíces, 154

varillas de ferrocerio, 17, 58, 71, 72
vasijas de barro, cómo hacer, 210–212
velas, fabricación de, 87–88
verduras, frutas y hierbas, 151–153
viento, 76

yunque, 195, 197